杭州市
科普研学
旅行手册

杭州市科普教育基地联合会◎主编

科学技术文献出版社
SCIENTIFIC AND TECHNICAL DOCUMENTATION PRESS
·北京·

图书在版编目（CIP）数据

杭州市科普研学旅行手册 / 杭州市科普教育基地联合会主编. —北京：科学技术文献出版社，2022. 1(2024.12 重印)
ISBN 978-7-5189-8858-7

Ⅰ.①杭… Ⅱ.①杭… Ⅲ.①中小学—素质教育 Ⅳ.① G631

中国版本图书馆 CIP 数据核字（2021）第 259193 号

杭州市科普研学旅行手册

策划编辑：张 丹　　责任编辑：张 丹　　责任校对：张吲哚　　责任出版：张志平

出 版 者　科学技术文献出版社
地　　址　北京市复兴路15号　邮编　100038
编 务 部　(010) 58882938，58882087（传真）
发 行 部　(010) 58882868，58882870（传真）
邮 购 部　(010) 58882873
官方网址　www.stdp.com.cn
发 行 者　科学技术文献出版社发行　全国各地新华书店经销
印 刷 者　北京虎彩文化传播有限公司
版　　次　2022 年 1 月第 1 版　2024 年12月第 5 次印刷
开　　本　787×1092　1/16
字　　数　132千
印　　张　9.25
书　　号　ISBN 978-7-5189-8858-7
定　　价　58.00元

编　委

王益钢　周祎哲　蔡姬煌　钱晶晶
范义娜　江　英　杨仁欢　蔡路莎

序　言

开展科学知识普及是提高全民科学素质的一种重要手段。习近平总书记提出："科技创新、科学普及是实现创新发展的两翼，要把科学普及放在与科技创新同等重要的位置。"这一重要讲话历史性地将科学普及提高到了国家科技强国战略的高度，进一步明确了科普工作的重要地位和意义。

科普是一门创造性的活动，它由科技工作者通过各种手段和途径，将晦涩难懂的科学知识、原理转化成公众易于理解的形式内容，从而实现传播，激发人们对科学的兴趣和探索。而研学活动，无疑是融合性最强，也最能令人沉浸其中的科普活动之一，成为连接科技工作者与公众，尤其是与青少年的一座桥梁。

2016 年 11 月，教育部联合 11 部委印发《关于推进中小学生研学旅行的意见》，正式将研学活动纳入中小学教育教学计划。2021 年 7 月，"双减"政策落地，研学活动的需求被进一步释放，学校、家庭、学生都在寻求本土化、高质量的研学活动，追求"更深度的内容"，期待"更深度地参与"。

为此，我们特别推出《杭州市科普研学旅行手册》一书，竭力为大家提供权威、丰富、专业、透明的研学活动信息。我们在杭州全域甄选了 58 家单位，详尽展示其研学活动信息。

研学活动区别于简单的参观游览，更侧重教育和实践，具有鲜明的研学特色，需要充分结合青少年身心发展阶段与知识体系。本书内容中的 58 家单位绝大多数为杭州市科普教育基地联合会成员单位，是实施科普教育的重要阵地，有着丰富的研学活动策划组织经验；在地域上，覆盖全市 13 个区、县（市）；

在主题上，涵盖了动植物保护、农林耕种、岩石地质、工业生产、航空航天、低碳环保、医疗健康、红色记忆、考古传承等主题；在时长上，包括了半日体验、一日研学、多日研学等多种方案；并附有明确的参与方式、研学任务、时间安排、交通食宿信息，非常适合家庭、学校等群体更全面地了解杭州研学资源，感悟科普研学的魅力。

同时，考虑到学校集体活动的需求，我们还充分梳理了区域接近、内容有差异、接待量相当的研学单位，在本书最后部分特别规划了20条研学线路。模块化的呈现方式，便于学校根据需要自由组合，形成综合性的校外集体实践活动方案，在“双减”的大背景下，不断探索创新研学、教学与旅行的结合形式。

学思结合，知行合一。我们希望通过此书，最大限度地整合杭州科普研学资源，释放研学活动的市场空间，更好地服务于素质教育，营造孩子们的“诗和远方”。也希望今后能有更多的单位与人才加入这个队伍中，共同启发灵感，融合社会资源，加强协调配合，策划更多创新、有趣的科普研学活动，增进科普研学队伍的交流与壮大。

杭州市科普教育基地联合会 陳

2021年12月

目　录

寓学于行，不负“食”光——浙江中医药博物馆研学活动 2
遇见科学，遇见爱——低碳馆“小小志愿者”暑期研学体验营 4
自然笔记特训营——杭州植物园研学活动 6
自然探索营——杭州动物园（少儿公园）研学活动 8
国风宋韵最杭州——中国茶叶博物馆研学活动 10
探访湿地“居民”——杭州西溪国家湿地公园研学活动 12
湿地植物知多少——中国湿地博物馆湿地研学活动 14
赏清明上河图，探中国伞文化——杭州工艺美术博物馆研学活动 16
垃圾分分乐——天子岭环境教育基地研学活动 18
扇动风发，百年匠心——王星记扇文化研学活动 20
陶乐瓷趣——南宋官窑陶瓷文化研学活动 22
谱写上城新征程，争做“小小讲解员”——海塘小筑手暑期夏令营 24
插秧摸鱼趣——八卦田遗址公园研学活动 26
昆虫旅馆——钱投·钱唐农园研学活动 28
岩石与矿物那些事儿——浙江地质科创园博物馆研学活动 30
乘时光之翼，赴星辰之约——北京航空航天大学杭州创新研究院研学活动 32
传承红色基因，弘扬科学精神——浙江理工大学理学院研学活动 34
科技农业，探秘兰中皇后——绿科秀农业公园研学活动 36
走进未来工厂——临平区科技馆研学活动 38
良渚古城“小玉匠”——良渚古城遗址公园研学活动 40
良渚建筑探索——昊梦文化研学活动 42
承三修、育匠心——富春江水电设备研学活动 44
与自然一起成长——清凉峰访鹿寻踪研学活动 46
红韵天目山——浙江天目山“天目精神”研学活动 48

深耕新安文化，百草临岐健康行——乐学同游研学活动 50
雏鹰计划，航空探索——建德新联文旅研学活动 52
稻花香里说丰年——浙江省农业科学院杨渡基地研学活动 54
永续，古法堆肥，守护绿水青山——兰里研学大本营研学活动 56
仰望星空，启航梦舟——浙江大学大学生微小卫星创新实践基地研学活动 58
“绿色之旅”燃气安全课堂——杭州绿色能源体验中心研学活动 60
南方嘉木，技艺传承——三和萃西湖龙井茶研学活动 62
科学苍穹，浙里追光——浙江省科技馆研学活动 65
体验感知生命，安全伴随成长——赛孚城研学活动 66
探秘魔法工厂，解读西湖精灵——西湖水域管理处研学活动 68
“岩”学课堂，生态科技——日昌升研学活动 70
不忘初心，书写芳华——网易蜗牛读书馆研学活动 72
健康生活，智慧医疗——医惠健康博物馆研学活动 74
阿基米德灵感之旅——霍博学院钱航游船研学活动 76
机智融合·领创未来——机器人小镇研学活动 78
南宋官窑文化体验——南宋官窑艺术馆研学营 80
“三清飘香”茶体验之旅——九清农业研学活动 82
方位的辨识与表达——浙江测绘与地理信息科技博物馆研学活动 84
一起当个“小农人”——虫出没研学乐园研学活动 86
生命教育、观察探秘——酷嗒萌宠饲养研学活动 88
赏樱园春色，创美好家园——杭州樱花园研学活动 90
品民俗迎端午，包粽子制香囊——福山家庭农场研学活动 92
小厨事，大智慧——九阳食育研学基地体验活动 94
从“一颗种子”到“一碗面”——康师傅研学活动 96
牛奶的那些秘密——味全冷藏奥秘研学活动 98
垃圾分类，环保酵素——富阳原素生态农业研学活动 100
探索源头水奥秘——太湖源水文化研学活动 102
小红军，新长征——风之谷户外乐园研学活动 105
爱国与航空科技——大川航空爱国教育基地研学活动 106
寻源千岛湖——农夫山泉建德工业旅游基地研学活动 108
蜜蜂王国——蜂之语蜂业研学活动 110
凤溪玫瑰，植物诗画——翙岭风溪实践教育基地研学活动 112
制笔小工匠——妙笔智慧乐园研学活动 114

安全，红色，运动之趣——霍普曼甜宓健康小镇研学活动 116
探求奥秘　科普无限——科普基地进校园 118
低碳科技馆、地质博物馆研学一日游 119
杭州博物馆、河坊街、南宋御街研学一日游 120
杭州西湖博物馆总馆南宋官窑馆区、八卦田研学一日游 121
杭州工艺美术博物馆研学一日游 122
杭州绿色能源体验中心、中国湿地博物馆研学一日游 123
杭州动物园、杭州植物园研学一日游 124
良渚古城遗址公园、良渚博物馆研学一日游 125
萧山机器人小镇研学一日游 126
妙笔智慧乐园研学一日游 127
风之谷、清凉峰科技馆研学一日游 128
科普世界　你我同在——科普基地进万家 129
杭州西湖水域管理处、江洋畈一日研学游 130
杭州网易蜗牛读书馆、北航杭州创新研究院一日研学游 131
绿科秀农业园、杭州味来馆一日研学游 132
杭州赛孚城、城北体育公园一日研学游 133
浙江省科技馆、浙江自然博物院一日研学游 134
天目山、临安博物馆、青山湖二日研学游 135
富阳黄公望隐居地、龙门古镇、富春江水电设备二日研学游 136
临平区科技馆、塘栖古镇一日研学游 137
建德水与航空三日研学游 138
淳安临岐中医药基地、千岛湖二日研学游 139

寓学于行，不负“食”光——浙江中医药博物馆研学活动

开展单位：浙江中医药博物馆
研学类型：科技探索类
开展时间：联系确认
开展地点：杭州市滨江区滨文路 548 号
活动时长：1 小时
费　　用：联系咨询
接 待 量：50 人
联系方式：0571-86633012
其他研学活动：全年定期开展巧手制香囊，驱疫保安康——香囊制作研学课程，学习香囊的历史，亲身体验香囊的制作过程，可电话咨询。

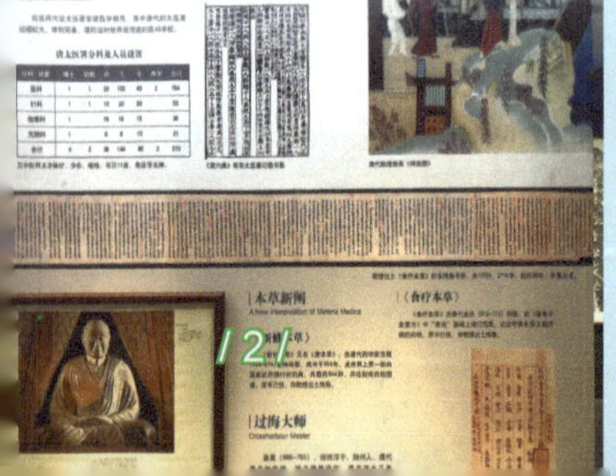

研学内容

研学任务 1. 掌握相关知识：了解不同地域的饮食习惯，不同季节进补不同。掌握莲子、百合、龙眼肉的药用功效，了解一些“药食同源”的药物。

2. 活学活用提高反应速度：在游戏中运用所学知识尽可能迅速准确地完成游戏，提高学习能力和反应速度。

3. 强化团队意识：通过小组比赛，学会团队合作。

研学安排 1. 观看视频《中华医药》特别节目：探秘红楼美食。

2. 参观博物馆二十四节气药膳展区，因地饮食，品味酸甜苦辣：不同地域有不同的地理环境就会有不同的气候变化，东部潮湿，西部干燥，北方寒冷，南方温暖，不同的气候变化也孕育了不同的粮食种类，造就了饮食文化。“南甜北咸东酸西辣”是中国菜的总体特点。

3. 参观博物馆中药标本，跟着季节过日子：春天风邪较盛，可以多吃野菜、菜芽等护肝类的食物；夏季炎热，可以多吃清凉和滋养脾胃类食物；秋季比较干燥，可以多吃滋阴润燥的食物；冬季寒冷，进补以温里润燥为主。

4. 参观博物馆“药食同源”展区，原来这些也是药：我们生活中常吃的食物中有很多都有药用功能，这类食物被称为“药食同源”药材。

5. “火眼金睛”活动：分小组围绕“養”“食”设计组徽。

6. 开展药食同源“神枪手”师生互动游戏。

特色亮点 浙江中医药博物馆（新馆）于2019年10月14日落成，位于浙江中医药大学西南侧，搜罗了大量与中医药有关的珍宝，“万方、千药、四类、百宝”，完整而系统性地展现了中国尤其是浙江中医药的整体面貌，是国家二级博物馆和杭州市青少年科普教育基地，以传承和发展中医药文化为主要职责，致力于中医药文化的基础研究和科普教育工作。

研学活动旨在让同学们学习“药食同源”文化，很多食物是药物，很多药物也是食物，生活处处有中医，并安排教师授课及实践活动，指导同学们完成手册通关卡上的问题。

注意事项 研学活动涉及展厅、博物馆教室等多个公共开放区域。学生须保持良好的课堂纪律，遵守参观秩序，勿大声喧哗、追跑打闹，爱护公物，不随意触摸展品展柜。

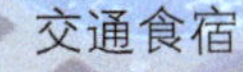

交通食宿

交通情况 位于浙江中医药大学内，可乘坐地铁4号线或6号线至中医药大学站。

用餐安排 不安排用餐。

住宿安排 不安排住宿。

遇见科学，遇见爱——低碳馆“小小志愿者”暑期研学体验营

开展单位：中国杭州低碳科技馆
研学类型：科技探索类
开展时间：每年7月
开展地点：杭州市滨江区江汉路1888号
活动时长：10天
费　　用：免费
接 待 量：30人（需面试选拔）
联系方式：0571-87119529
其他研学活动：全年还定期开展“碳索营”“少创汇”等为期3～5天的公益研学活动，学习编程知识，动手制作模型，学习前沿科技，可电话咨询。

研学内容

研学任务 1. 入选后，同学们会在馆内接受志愿者章程、礼仪知识、心理健康、急救自救、制作体验等集训课程。

2. 完成集训后，同学们将参加“小小讲解员”培训和“科普剧小演员”培训，探索低碳馆每件展品的科学原理，排练全新的科普剧作品。

3. 完成了这些课程并通过考核后，“小小志愿者”就可以正式上岗，为大家提供科普志愿服务。

研学安排 第一阶段：选拔（1 天）

每年 6 月底或 7 月初，在微信公众号“中国杭州低碳科技馆”发布招募信息，进行公开报名。随后将开展面试，选拔 30 位 8 ～ 14 岁的同学加入“小小志愿者”暑期体验营。

第二阶段：研学（10 天，每天 10:00—16:00，周一周二闭馆）

第 1 ～ 2 天，入选的同学将参加“小小志愿者”暑期体验营，学习志愿者章程、礼仪、急救自救、手工制作等基本课程，并将组织大家观看巨幕科普电影。

第 3 ～ 9 天，将进行“小小讲解员”与“科普剧小演员”研学课程。上午开展儿童天地讲解训练，下午进行表演实训。

第 10 天，进行“小小讲解员”现场考核及科普剧汇报演出。

第三阶段：实践

完成研学课程并通过考核后，“小小志愿者”就可以正式上岗，为大家提供科普讲解志愿服务，参加科学表演活动、赛事，以及各类主题活动。

特色亮点 中国杭州低碳科技馆是集低碳科技普及、绿色建筑展示、低碳学术交流和低碳信息传播等职能为一体的公益性科普教育机构。“小小志愿者”研学活动已持续 8 年，获得了大量认可与好评。

低碳馆每年都会组织、参与许多公益活动和赛事，能够给“小小志愿者”提供优质的平台展示自我，服务大众。由优秀引进教师资源安排优质培训课程，扩展视野，提升同学们的表达力、表现力、合作精神。“小小志愿者”参与讲解、参加表演的志愿服务时长都会被记录下来、累积起来，成为他们宝贵的实践经历与见证。在学习与实践的过程中，感悟“奉献、友爱、互助、进步”的志愿精神，在帮助他人的过程中，实现自我成长。相信这样的获得感与幸福感，对同学们的身心都会起到非常积极的作用。

注意事项 根据疫情防控相关规定，中国杭州低碳科技馆将会结合场馆实际情况，采取预约进馆、限流等防疫措施。

交通食宿

交通情况 杭州地铁 6 号线江汉路站 C 出口出站后，步行 800 米即可到达。

用餐安排 馆内食堂安排学员用餐。

住宿安排 不安排住宿。

自然笔记特训营——杭州植物园研学活动

开展单位：杭州植物园
研学类型：户外自然类
开展时间：全年
开展地点：杭州市西湖区玉泉桃源岭 1 号
活动时长：3 天
费　　用：联系咨询
接 待 量：20 人
联系方式：0571-87811950，87981519，电话预约
其他研学活动：全年定期开展“小小植物学家”“百草探秘”等一日研学活动。参观大师工作室，对话业内专家，学习掌握各类植物生长状况及保护措施，了解植物观察方法，参与植物相关制作活动。可电话咨询。

研学内容

研学任务 通过参与“自然笔记”课程，学习在自然环境中观察动植物的基本技能，掌握自然笔记记录的基础要素，使户外活动不止停留于走走看看。培养孩子们带着问题和思考走进自然，以科学和严谨的态度将所见所想所得记录下来。创造人与大自然亲密接触的机会，激发孩子们积极探索自然奥秘的兴趣和好奇心。

研学安排 第一天：

9:00—9:30 举行开营仪式。

9:45—11:45 自然教育课程（如立夏瞬间、自然笔迹鉴定师等）。

14:00—16:30 自然小探长 + 自然笔记初体验。

第二天：

9:00—11:30 农耕园作物识别 + 果蔬采摘体验 + 制作“农夫的收获”笔记。

14:00—16:30 古树门诊 + 年轮的悄悄话 + 原木彩绘师。

第三天：

9:00—11:30 探秘百草园 + 绘制百草图鉴。

14:00—16:30 结营证书 DIY+ 结营分享。

特色亮点 杭州植物园是一所具有公园外貌、科学内涵，以科学研究为主，并向大众开放，进行植物科学和环境科学知识普及的地方性植物园。目前园内建有植物分类区、经济植物区、观赏植物区、珍稀濒危植物区、盆栽园、百草园等多个园区，其中双峰插云、玉泉鱼跃、灵峰探梅三大景点誉享国内外。

自然笔记就是去观察和体悟自然，通过绘画、文字的形式将感知到的自然物、自然场景进行记录，可以是你所看到的、听到的、闻到的、感觉到的一切。自然笔记的形式可以多种多样，包括观察日记、物种对比、局部特征观察、植物的生长周期、鸟儿的孵化过程、绿地图的绘制等。只要是对自然的记录，就可以算作自然笔记。

在杭州植物园自然笔记特训营中，同学们可以跟着专业的老师团队一起逛公园，跟着大师工作室领衔人探秘植物园里的科研圃地，记录杭州植物园的生态环境。通过自然知识上的专业性、情境创设上的趣味性、生态物种上的丰富性，为大家观察素养的提升创造良好的契机、环境和动力。

注意事项 1. 因为是户外研学活动，如遭遇恶劣天气和自然灾害不能出行，则活动将延期举行。

2. 同学们在研学旅行途中要保证不脱离队伍，遵循可互相看见的原则。如遇迷途，则要求先保持镇定，拨打研学导师电话，告知具体情况，然后在原地等待，请勿擅自行动。

交通食宿

交通情况 活动自行前往。可乘坐公交 28（k28）、82（k82 ）、15（k15）路到植物园、玉泉站下车即可；乘坐公交 k7、k27、k807、Y1、Y3、Y4 路到植物园（玉泉）下车即可。

用餐安排 安排用餐。

住宿安排 不安排住宿，如有住宿需要可在联系时提出。

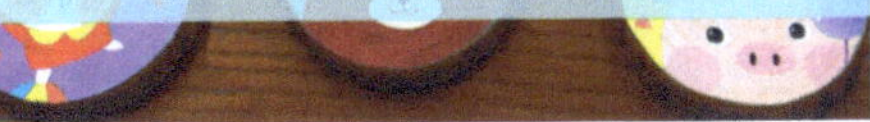

自然探索营——杭州动物园（少儿公园）研学活动

开展单位：杭州动物园（少儿公园）
研学类型：户外自然类
开展时间：7—8 月
开展地点：杭州市西湖区虎跑路 40 号
活动时长：1 天
费　　用：联系咨询
接 待 量：20 ～ 30 人
联系方式：8 人以上团队通过电话 0571-87153412，87981257 预约
其他研学活动：全年开展周末十大专题自然课堂短时研学活动，通过 3 小时的研学课程，学习动植物知识。在游园过程中完成活动手册、答题卡等探究任务，完成动植物手工。可电话咨询。

研学内容

研学任务 以下任务五选一：

1. 鸟类主题：鸟类课堂 + 观察鸟类 + 鹦鹉行为展示 + 鸟类医生 + 食物丰容制作 + 鸟巢制作。
2. 两爬主题：爬爬课堂 + 观察动物 + 两爬行为展示 + 小小兽医师 + 小小营养师 + 生态缸制作。
3. 食草动物主题：食草课堂 + 展区参观 + 来我家做客 + 小小兽医师 + 小小饲养员 + 生态手工制作。
4. 金鱼主题：金鱼课堂 + 金鱼馆参观 + 金鱼观察笔记 + 金鱼医生 + 金鱼食物探秘 + 金鱼饲养学习。
5. 灵长类主题：灵长动物课堂 + 展区参观 + 食物丰容制作 + 小小兽医师 + 行为训练游戏。

研学安排 8:40—9:00 动物园大门口报到。

9:00—9:20 科普馆报告厅进行自我介绍、分组。

9:20—10:00 科普馆报告厅进行动物课堂授课。

10:00—11:00 开展游园活动，完成任务卡上的项目。

11:00—11:30 拜访动物朋友。

11:30—13:30 午餐并观看科普影片。

13:30—14:00 开展小小兽医师活动，进行兽医职业体验、操作观察显微镜等实践。

14:00—15:00 在萌宠乐园 / 动物园区当一名小小保育员，做行为训练游戏，动手做食物丰容。

15:00—16:00 生态手工制作。

特色亮点 杭州动物园，是一座集野生动物保护、科研、科普、教育和游览于一体的山林式动物园。园内设有大象馆、大熊猫馆、金鱼馆、长颈鹿馆等 20 余个场馆，饲养展出大熊猫、金丝猴、白颊长臂猿、黑猩猩、东北虎、亚洲象、蟒蛇、丹顶鹤和长颈鹿等各类珍稀野生动物 120 余种 1000 多只（头）。少儿公园集休闲、娱乐于一体，园内设置各类大型游乐设施，种植数千棵桂花，是杭州赏桂、亲子游玩的好去处。杭州动物园（少儿公园）开设的一日营研学课程，内容包括动植物课堂、园中探秘、科普影片、职业体验、生态手工五大环节。主要针对金鱼、爬行动物、鸟类、食草动物、灵长动物、昆虫等动植物主题，在动物园和少儿公园内开展一天的探索活动。内容丰富、形式多样，集趣味、互动、探索于一体，引导青少年尊重生命、关爱生命、感受自然体验的快乐并自觉投身于生态环保中去。

注意事项 园区地处山地，来园穿着户外活动服装、运动鞋。夏秋季做好防蚊措施。

交通食宿

交通情况 自驾：导航前往杭州动物园停车场，具体价格以景区停车收费标价牌标注为准；

公共交通：公交线路：可乘坐 4 路、197 路、194 路、180 路、315 路、314 路、318 路、31 路等到动物园站。

用餐安排 安排用餐。

住宿安排 不安排住宿。

国风宋韵最杭州——中国茶叶博物馆研学活动

开展单位：中国茶叶博物馆
研学类型：人文艺术类
开展时间：联系确认
开展地点：杭州市龙井路 88 号中国茶叶博物馆龙井馆区鸿渐阁
活动时长：2 小时
费　　用：联系咨询
接 待 量：30 人
联系方式：关注“中国茶叶博物馆茶友会”微信公众号“茶友会”，专栏点击“预约体验”；或拨打 0571-87969050 电话咨询。

研学内容

研学任务 1. 了解宋代茶历史。
2. 感受宋代饮茶法。
3. 传承宋代茶文化。

研学安排 每日推出两场次：9:00—11:00；13:30—15:30。
1. 报到。
2. 观看宋代点茶演示。
3. 体验研磨茶粉。
4. 调膏点茶。
5. 茶百戏体验。

特色亮点 中国茶叶博物馆是我国唯一一家以茶和茶文化为主题的国家级专题博物馆。目前，中国茶叶博物馆分为两个馆区，两馆建筑面积共约 1.3 万平方米，集文化展示、科普宣传、科学研究、学术交流、茶艺培训、互动体验及品茗等服务功能于一体。中国茶叶博物馆一直致力于以多元包容的姿态传承、展现和不断探索茶文化的丰富内涵，展现茶都杭州的魅力。中茶博龙井馆区很好地实现了中国的茶文化与山水、园林景观的综合呈现。国风宋韵最杭州——宋代茶生活体验，是一场山水茶修，能深深唤起年轻的“国潮汉风”爱好者们对中国茶文化的认同， 也将深深唤起体验者对宋韵杭州的情感认同、文化认同。

注意事项 1. 结合目前博物馆开放实际，每场限额在 30 人以内，入场前要遵守防疫要求，“预约 + 测温 + 健康码”。
2. 如有重大异常的天气状况，则考虑改期或停止进行，以确保人身安全。
3. 为获得更好体验，推荐着汉服参加体验。

交通食宿

交通情况 公交 K27、87 路至茶博龙井馆区。

用餐安排 不安排用餐。

住宿安排 不安排住宿。

研学内容

研学任务 1. 动手实验影响荷叶疏水性的因素，观察荷叶疏水性。
2. 显微镜观察西芹和芋艿的横切面，并比较分析有何不同。
3. 动手制作折纸荷花、纸浆画。
4. 辨认湿地水生植物。

研学安排 9:00—9:30 集合报到，分发研学手册，互动，了解熟悉同伴。
9:15—9:45 乘坐西溪游船，了解湿地的知识、环境，欣赏湿地景色。
9:45—11:00 荷叶课程（出淤泥而不染），学习荷叶疏水性知识及应用，并在实验中了解影响疏水性的各种因素。
11:05—11:50 折纸荷花，体验折纸动手操作。
12:00—13:00 午餐。
13:00—13:30 辨认水生植物，认识湿地植物，了解各种植物特征。
13:30—14:30 维管束水分输送课程，了解植物如何进行水分传输及其路径，实验观察维管束学习水分输送的路径与重要性。
14:40—15:30 维管束植物画，发挥想象，动手制作植物画。
15:30—16:00 自然互动游戏，在游戏中快乐成长，并准备返程。

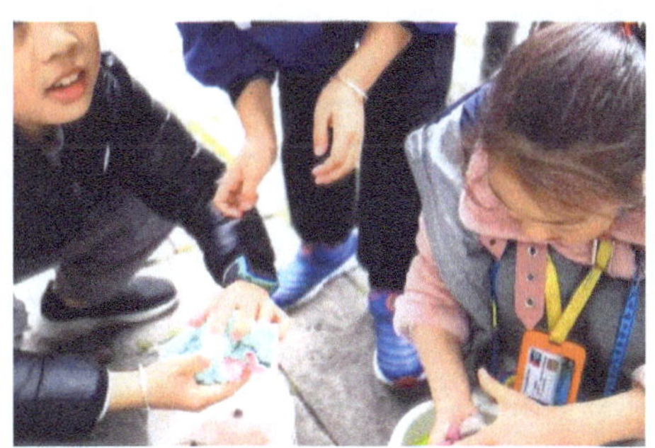

特色亮点　杭州西溪国家湿地公园，距西湖不到 5 千米，园内生态资源丰富、自然景观幽雅、文化积淀深厚，与西湖、西泠并称杭州“三西”，是中国第一个集城市湿地、农耕湿地、文化湿地于一体的国家级湿地公园。2009 年 7 月 7 日，杭州西溪国家湿地公园被录入国际重要湿地名录。2012 年 1 月 11 日被正式授予“国家 5A 级旅游景区”称号。

研学活动旨在带领学生走进湿地，认识湿地植物，了解荷叶等植物为适应环境，保持自身发展，向自然学习，应用实践。让学生实地观察，动手操作，获取直接经验，增加感性认识，动手操作实验器材，培养学生严谨的实验态度及兴趣。

注意事项　湿地多蚊虫，注意防蚊；实验中，要遵从老师的指导，正确使用实验器材。

交通食宿

交通情况　公园有三个出入口：周家村主出入口（天目山路 518 号），高庄出入口（天目山路花蒋路口），北门出入口（文二西路）。

用餐安排　不安排用餐。

住宿安排　不安排住宿。

湿地植物知多少——中国湿地博物馆湿地研学活动

开展单位：中国湿地博物馆（杭州西溪研究院）
研学类型：户外自然类
开展时间：5—10 月
开展地点：杭州市西湖区天目山路 402 号
活动时长：半天
费　　用：免费
接 待 量：20 人
联系方式：0571-88872933
其他研学活动：全年定期开展西溪端午节民俗体验之旅、红色教育研学活动等短时研学活动，依托场馆开展相关学习，寓教于乐。更有绿色燎原研学营、暑期研学营活动，每年前往不同湿地进行研学、考察、调研。可电话咨询。

研学内容

研学任务	1. 学习湿地知识。 2. 了解湿地植物分类。 3. 通过参与体验活动和参观展览了解湿地的作用。 4. 认识身边常见的湿地植物，感受自然的多样性，提高环境保护意识。
研学安排	1. 学习湿地基础科普，了解湿地生态系统三要素。 2. 参观临水长廊。 3. 体验植物拓印的乐趣。 4. 交流湿地植物研学活动体验感受。
特色亮点	中国湿地博物馆位于杭州市西溪国家湿地公园东南部，博物馆建筑面积 20 200 平方米，展示面积 7800 平方米，通过典型湿地的场景复原、多媒体互动和图文展示等方式展现湿地之美，普及湿地知识，从而增强观众的湿地保护意识。 研学活动是依托场馆科研成果“中国湿地植物数据库”所开发的湿地主题课程，将湿地知识结合互动游戏的方式，让观众更加生动形象地了解植物种类的丰富；以自然环境为教学课堂，在自然中学习湿地植物的知识，探索植物的奥秘；从科普、文化、生态等各个角度进行课程宣讲。让观众了解湿地，树立热爱自然、保护生态环境的环保理念，鼓励青少年为弘扬生态文明、建设美丽中国贡献自己的力量，发出自己的声音。保护湿地要从爱护湿地植物开始。
注意事项	1. 参加湿地植物绿色主题教育研学活动须预约报名成功后来参观体验。 2. 展厅内参观做到文明观展等注意事项。

交通食宿

交通情况	乘坐公交 J13 路、381 路、91 路、70 路等至汽车西站（中国湿地博物馆）。
用餐安排	不安排用餐。
住宿安排	不安排住宿。

赏清明上河图，探中国伞文化——杭州工艺美术博物馆研学活动

开展单位：杭州工艺美术博物馆（杭州中国刀剪剑、扇业、伞业博物馆）

研学类型：人文艺术类

开展时间：提前 5 日预约，9:00—16:00（周一及节假日除外）

开展地点：杭州市拱墅区小河路 336 号中国伞博物馆

活动时长：2 小时

费　　用：联系咨询

接 待 量：20 人

联系方式：0571-88197508

其他研学活动：定期开展“运河上的桥”研学活动，了解运河上的桥文化，进行拱桥搭建、火漆信 DIY 活动，并完成《运河上的桥学生活动手册》，可电话咨询。

研学内容

研学任务 1. 学习《清明上河图》的概况及历史研究价值；了解《清明上河图》中的伞文化。
2. 了解伞的起源，学习“请用国货”八角伞的相关知识。
3. 参观中国伞博物馆，欣赏印刷版《清明上河图》，参加伞面绘画活动。
4. 完成《赏清明上河图，探中国伞文化学生活动手册》。

研学安排 1. 大厅欣赏印刷版《清明上河图》，向学生提问从清明上河图中，我们看到了什么，感受到什么，《清明上河图》名扬中外的原因。
2. 参观中国伞博物馆，对照《赏清明上河图，探中国伞文化学生活动手册》进行学习，了解伞的起源、《清明上河图》与伞文化、油纸伞产地及传统文化及油纸伞制作过程。
3. 进行伞面绘画。
4. 填写完成《赏清明上河图，探中国伞文化学生活动手册》剩余内容。

特色亮点 杭州工艺美术博物馆群落选址于杭州拱宸桥桥西历史街区内，以中国大运河最南端标志的拱宸桥为地标，由杭州工艺美术博物馆和中国刀剪剑、伞、扇博物馆组成。馆群建筑由原运河沿岸的老厂房、老仓库等工业遗存改建而成，是杭州近代民族及纺织工业兴起和发展的重要历史见证。于 2009 年 9 月前后对外开放。

馆群以工艺美术为主题特色，通过历史文物与当代艺术的精品收藏与陈列、工美大师与非遗传人的活态展示与传承、丰富新颖的公共参与活动，成为运河文化遗产、杭州城市文明鲜活的记忆读本，为城市生活构建传统融合现代的文化自觉。

研学活动结合中国伞博物馆的内容特色及小学语文教材，以展厅互动授课、展品实物欣赏等形式进行教学，达到传播传承历史文化知识、非遗文化、传统文化的目的；配合研学教学设计编纂活动手册，为让学生有更好的体验感及带入感，运用纸艺伞教具为学生设计符合课程内容的互动体验项目。

注意事项 活动期间，现场安全秩序维护须有监护人或相关责任人负责，并遵守馆内参观、活动安全须知。如有特殊情况，务必提前与基地沟通解决。

交通食宿

交通情况 98、129、79、1 路车在拱宸桥西站下车，沿小河路向南行约 50 米。
70、61、591 路在台州路口下车，过拱宸桥直行 100 米。
70、61、63 路在登云路小河路口下车，沿小河路向北行约 600 米。
水上巴士、漕舫在拱宸桥码头下车，过拱宸桥到达桥弄街。

用餐安排 不安排用餐。

住宿安排 不安排住宿。

垃圾分分乐——天子岭环境教育基地研学活动

开展单位：天子岭环境教育基地
研学类型：生态环保类
开展时间：全年（每周一不开放）
开展地点：杭州市拱墅区临半路231号附近
活动时长：1小时
费　　用：免费
接 待 量：20人
联系方式：0571-88311238，电话预约

研学内容

研学任务	培养孩子从小懂得垃圾分类的重要性，及其对环境保护起到的作用。活动倡导物尽其用、节约能源、变废为宝，既提高垃圾资源利用水平，又可以减少垃圾处置量，可以实现垃圾减量化和资源化。
研学安排	上午场 9:30—10:30、10:30—11:30，下午场 14:00—15:00（需要预约进行讲解） 1. 以趣味讲座形式介绍垃圾分类的作用，帮助孩子认识垃圾的种类及分类标识。 2. 现场进行趣味体验垃圾分类小游戏，让孩子自己动手进行垃圾分类，进一步熟悉垃圾种类，帮助小朋友掌握正确的分类投放。 3. 让孩子们说说自己在今后的生活中要怎样去保护自然环境。
特色亮点	天子岭环境教育基地分为垃圾的定义与危害，杭州生活垃圾处理的昨天、今天、明天等五大板块，向广大市民群众科普杭州生活垃圾处理“三化四分”的现状，突出分类投放、分类收运、分类利用、分类处置 4 个环节，详细讲述垃圾生态填埋、易腐垃圾资源化利用、污水治理、沼气发电、焚烧发电、有害垃圾处理等末端处置过程，通过末端处置的描述，强化垃圾分类的重要意义。 作为杭州市第二课堂活动场馆，天子岭环境教育基地不断深入实施青少年行动计划。为加强青少年低碳环保垃圾分类等知识，充分利用本单位资源，让广大青少年近距离、全方位了解城市生活垃圾处理工作，开展了丰富多彩的青少年环境保护教育活动。天子岭第二课堂已成为中小学生必去打卡点。
注意事项	自觉配戴口罩、出示健康码，保持室内安静，有序参与活动，儿童应在监护人陪同下参与活动。

交通食宿

交通情况	建议自驾前往。
用餐安排	不安排用餐。
住宿安排	不安排住宿。

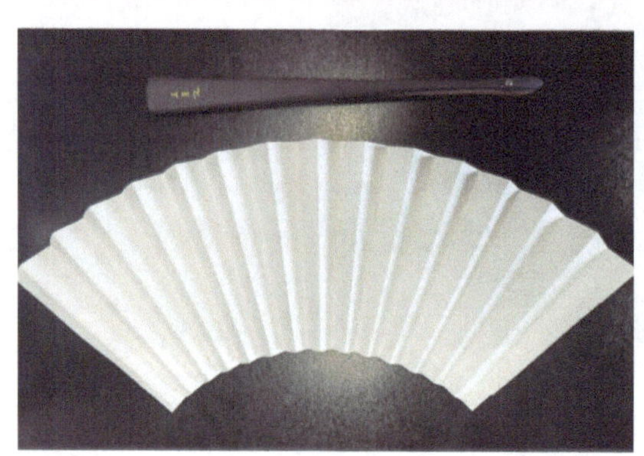
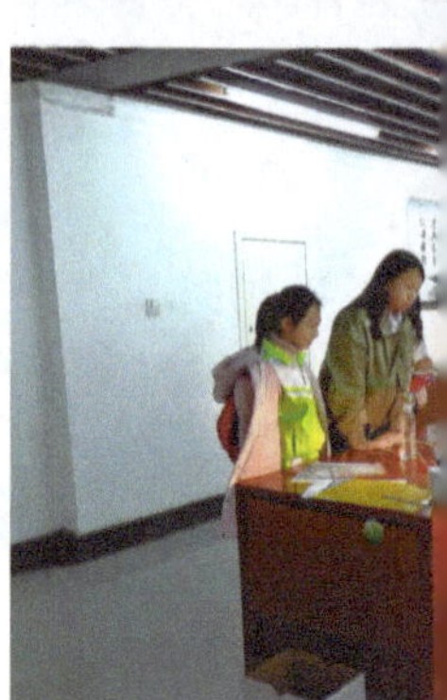

扇动风发，百年匠心——王星记扇文化研学活动

开展单位：杭州王星记扇业有限公司
研学类型：工业类、人文艺术类
开展时间：全年
开展地点：杭州市拱墅区长板巷 118 号
活动时长：1.5 小时
费　　用：联系咨询
接 待 量：100 人以内
联系方式：0571-88376201，电话预约；或通过微信公众号后台留言，
输入：研学活动报名 + 人数，2 ～ 3 个工作日回复信息

研学内容

研学任务 1. 学习制扇工具、制扇流程、扇艺品种识别等中国传统手工制扇基本小常识。
2. 学习中国传统扇面书画基本小常识，如白纸扇、黑纸扇、绢扇材质扇面书画特点，材料介绍及材质识别。
3. 学习中国扇文化历史演变及扇艺小故事。
4. 参与互动体验小课堂，DIY 手工制作古法折扇或折扇、团扇绘画。

研学安排 1. 参观制扇车间，了解白纸扇、绢扇及檀香扇等各类扇子的制作流程和师傅们的手工技艺。
2. 参观手工绘扇车间及大师画扇工作室，近距离观察扇面装饰的考究与精湛，了解中国书画传统元素呈现在扇子上的功夫。
3. 参观扇博物馆，品味博物馆中各个年代各种类别的扇子精品、名人名作，了解许多扇子背后的精彩故事。
4. 在工艺美术老师、制扇老师的指导教学下，亲自动手DIY，在体验中感受扇文化的魅力。
5. 现场安排扇文化随堂复盘小测试活动，在看中学，在学中玩，在玩中领悟扇艺文化知识。

特色亮点 杭州王星记扇业有限公司创始于清光绪元年（1875），是一家传统手工制扇老字号企业，与丝绸、龙井茶齐名被誉为“杭产三绝”，其制扇技艺更是国家级的非物质文化遗产代表性项目，所在场馆也是国家级非物质文化遗产生产性保护示范基地。

“中华扇艺文化非遗课堂”研学活动，让同学们听到“最有趣”的中国扇故事，看到“最精湛”的制扇工艺，感受到“最专业”的中国扇文化，做“最有意义”的古法扇，展示国家级非遗制扇技艺，弘扬传统文化精髓，彰显中华文化自信。

注意事项 研学过程中需守秩序、讲文明，不随意触碰展品、宣传板、玻璃等易危陈设，不得走入非参观体验区域。

交通食宿

交通情况 公交线路：乘坐 12 路、19 路、67 路、38 路、44 路、45 路、183 路、316 路、86 路、101 路、274 路、78 路可达。
周边地铁：1 号线 西湖文化广场站、2 号线沈塘桥站。

用餐安排 不安排用餐。

住宿安排 不安排住宿。

陶乐瓷趣——南宋官窑陶瓷文化研学活动

开展单位：杭州西湖博物馆总馆南宋官窑馆区
研学类型：人文艺术类
开展时间：节假日
开展地点：杭州市上城区南复路 60 号
活动时长：1.5 小时
费　　用：联系咨询
接 待 量：6 ～ 10 人
联系方式：0571-86086023，电话预约

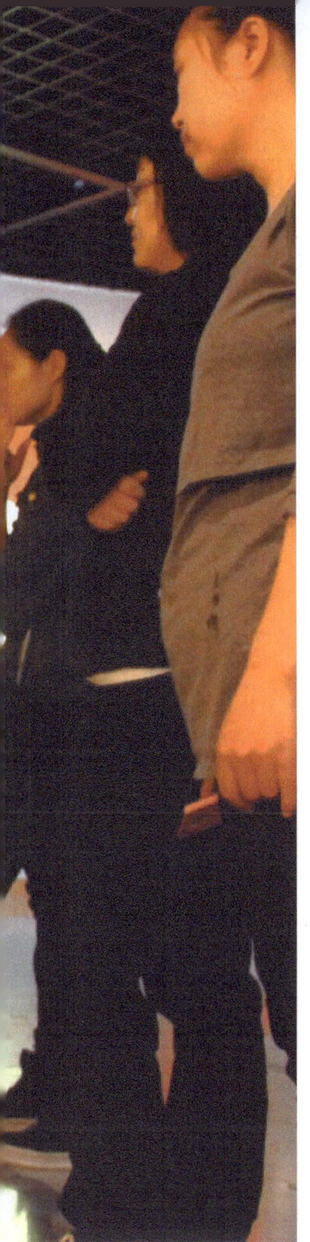

研学内容

研学任务 1. 从陶瓷文化科普入门，了解南宋官窑瓷器特点和南宋官窑制瓷工艺，培养学生传统文化感悟能力、科学创造能力、动手实践能力。

2. 需完成学习单填写、陶艺作品制作等任务。

研学安排 1. 陶瓷知识小博士（30 分钟）。在博物馆接待中心集合，领取学习单，在社教老师的带领下，带着学习单上的问题在展厅中寻找答案，根据线索探究陶瓷国的秘密，了解青瓷的历史、南宋官窑诞生的故事、南宋官窑瓷器的特点等。

2.AR 探秘古窑址（30 分钟）。利用博物馆的黑科技——“AR 新媒体技术”，再现南宋官窑制瓷工艺现场，学生将穿越回 800 多年前，化身为一名小窑工，体验 AR 龙窑实景交互游戏，探秘这座皇家御用窑场，传承大国工匠精神。

3. 我是制陶小能手（30 分钟）。学生争当陶艺动手小能手，通过彩陶、拉坯等陶艺制作，以及制瓷工艺古今对比，发现社会的进步、技术的革新，感受陶瓷文化的传承与发展。

特色亮点 杭州西湖博物馆总馆南宋官窑馆区是国内首座依托古窑址建立的陶瓷专题博物馆，著名的南宋官窑郊坛下遗址就坐落在馆区之中。2018 年 6 月，南宋官窑 AR 系统平台全面落地，经过不断升级完善，实现了制瓷工艺 AR 空间识别，另有 AR 龙窑实景交互游戏实现了龙窑遗址的复原和交互体验。

研学活动注重古今对比、互动体验，充分发挥场馆特色，打破传统展厅讲解方式，以学习单引导青少年带着问题去参观，激发青少年学习的主动性，增强互动与趣味，提升学生动手的能力和审美水平。

注意事项 进馆 3 天前在杭州西湖博物馆总馆南宋官窑馆区官方微信上做好预约工作，进馆时出示行程码、健康码，佩戴口罩，测量体温。

交通食宿

交通情况 公交车：乘坐 42 路、87 路、62 路公交车在施家山（南宋官窑博物馆）站下车。

地铁：乘坐 4 号线在水澄桥站下车，A 口出站后向东过铁路涵洞后向西即可到达。

用餐安排 不安排用餐。

住宿安排 不安排住宿。

谱写上城新征程，争做“小小讲解员”——海塘小筑手暑期夏令营

开展单位：杭州海塘遗址博物馆
研学类型：科技探索类
开展时间：7—8 月
开展地点：杭州市上城区九睦路 109 号阿里体育中心 1 楼
活动时长：4 ～ 5 天
费　　用：联系咨询
接 待 量：15 人（与学校合作，面试选拔学生参加）
联系方式：0571-86912900

研学内容

研学任务 1. 通过语言、礼仪等课程的培训，讲解考核、参观其他博物馆及志愿服务的实践等，普及地方历史文物知识，树立热爱家乡意识。

2. 锻炼口语表达能力，学会更好地与他人沟通交流，培养青少年的社会责任感，为博物馆选拔一批优秀的“小小讲解员”。

研学安排 1. 参加开营仪式、学习语言培训课程。

2. 学习礼仪课程、海塘千千问课程。

3. 开展非遗课程——捏塑体验。

4. 进行讲解考核。

5. 参观中国水利博物馆。

6. 任选半天来馆里进行志愿讲解服务。

7. 讲解风采展示会暨结营仪式。

特色亮点 杭州海塘遗址博物馆坚持“开放性、体验式、智慧化”的理念，将文化遗产保护、考古发掘与文化传承相结合，与江干地域文化相汇聚，与江干人文精神相辉映，与乡愁记忆相融合。

在研学形式上，杭州海塘遗址博物馆不拘泥于课堂问答形式的培训，更有非遗手工捏塑体验，和实地参观其他博物馆的户外课程，让各位海塘小筑手在玩中学，在实践体验中更有收获。

在活动设计上，每位同学都将获得了海塘遗址博物馆发放的“任务卡”，通过参与活动进行盖章，使同学们获得更多的仪式感、参与感和体验感。

在研学成果上，通过培训，海塘小筑手们基本已能胜任讲解服务，并在节假日作为“小小讲解员”参与博物馆的带团讲解活动中，是海塘遗址博物馆重要的后备力量。

注意事项 1. 因天气炎热，家长及老师要随时注意孩子的身体状况，及时反映。

2. 活动期间，应遵守博物馆相关规定，服从组织人员的统一安排。

3. 遇特殊天气等不可抗力因素，活动顺延。

交通食宿

交通情况 参观中国水利博物馆当天统一安排大巴接送。

用餐安排 开营仪式当天馆里安排用餐，之后自行解决。

住宿安排 不安排住宿。

（照片来源于杭州海塘遗址博物馆）

插秧摸鱼趣——八卦田遗址公园研学活动

开展单位：八卦田遗址公园
研学类型：户外自然类
开展时间：7 月 17 日—8 月 15 日
开展地点：杭州市上城区虎玉路 41 号
活动时长：2 小时
费　　用：联系咨询
接 待 量：20 组家庭 /30 位学生
联系方式：0571-87395199（固话）、15397182375（微信同号）、BAGUAJIUGU（官方微信）
其他研学活动：全年定期开展非遗研学项目体验——中国结手工课，与非遗传习师赵谊颂老师一起了解中国传统手工艺的历史文化，认识中国结，感受中国传统编织工艺的独特魅力，学习中国传统手工编织的技艺，可电话咨询。

研学内容

研学任务 1. 游园识物：跟随八卦田农学老师认识田间种植作物，了解作物生长习性，欣赏八卦田美丽景色。

2. 插秧小课堂：由专业农学老师讲授水稻秧苗的生长习性、生长周期、栽培方式与育苗方式等。

3. 插秧进行时：跟随农田老师一起来到八卦田插秧地，换上插秧衣物并在农田老师的指导下开始插秧活动，亲身实践，插下自己手中的小秧苗。

4. 玩趣摸鱼记：在忙碌的插秧劳作后进行一场童趣十足的摸鱼游戏。

研学安排 上午场：

9:00 集合。

9:00—9:30 分发物资、换装。

9:30—10:00 插秧小课堂。

10:00—10:30 插秧进行时。

10:30—11:00 玩趣摸鱼记。

下午场：

16:00 集合。

16:00—16:30 分发物资、换装。

16:30—17:00 插秧小课堂。

17:00—17:30 插秧进行时。

17:30—18:00 玩趣摸鱼记。

特色亮点 八卦田遗址曾是南宋皇家籍田的遗址，是古代中国以农为本的农耕文化的缩影，是八卦田古代帝王通过神圣仪式活动对农业生产予以重视的场所。如今，八卦田在农田作物种植上，更加注重考虑综合地理环境、作物生长规律、“南宋九谷”品种的发展演变等因素，并根据时节特点进行农作物的耕种与收获，尊重自然规律（春耕、夏长、秋收、冬藏），采用有机方式进行应季轮作。

研学活动以讲师课堂与劳作体验相结合，通过专业农学老师讲解八卦田种植水稻的品种选择、生长习性与播种方法，带领同学们体验插秧劳作。当同学们完成所有的劳作体验后来一场趣味横生的摸鱼游戏，提升大家对农田劳作的兴趣程度。

注意事项 1. 插秧活动场地，请按序号找到自己对应的劳作田块。

2. 建议给参加活动的儿童带一套换洗衣物，采取防晒和防蚊虫措施。

交通食宿

交通情况 公共交通：施家山站：124 路 /133 路 /42 路 /87 路；南观音洞站：124 路 /133 路 /42 路 /87 路；陶瓷品市场站：20 路 /62 路 /42 路；八卦田站：190 路 /124 路。

地铁：4 号线水澄桥站（步行 1 千米至八卦田）。

停车场：将台山停车场。

用餐安排 不安排用餐。

住宿安排 不安排住宿。

昆虫旅馆——钱投·钱唐农园研学活动

开展单位：杭州钱江新城商业旅游发展有限公司（钱投·钱唐农园）
研学类型：户外自然类
开展时间：全年
开展地点：杭州市上城区凤起东路与五号港路交叉口
活动时长：2 小时
费　　用：联系咨询
接 待 量：20 人
联系方式：0571-81181188
其他研学活动：全年还开展植物拓印等短时研学活动，亲近自然，体验手工制作，可电话咨询。

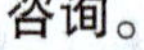

研学内容

研学任务 1. 昆虫旅馆。利用木材、砖瓦等搭出一座“旅馆”，分割出不同的“房间”，然后填充不同的材料，以此吸引不同的昆虫。

2. 蔬菜采摘。感受二十四节气的自然节奏，体验新鲜果蔬的美味。走进田园，与土壤亲密无间，体会收获的快乐。贴近大自然，感受自然的治愈力量。

研学安排 9:30—11:00 制作昆虫旅馆。

11:10—11:40 农园蔬菜采摘。

11:50—12:50 咖啡厅用餐。

特色亮点 钱投 • 钱唐农园是钱投集团探索耕植土资源保护和循环利用的实践项目。农园占地面积约 220 亩，分为南北两个区块。北区块为 167 亩农田，遵循自然的节奏进行耕作，以“在地、生态、循环”为规划理念，设置了蔬菜园、香草园、鲜果园等自然景观区域，打造市中心稀缺的自然 club 和复合美学空间。南区块占地 54 亩，打造以“钱唐公社”为主题的文创园区，区块以原农民民宿为建筑机理，通过保留修缮既有建筑，在“农桑环绕、民宿矗立其间”的传统生活场景和美学范式中，致力于餐饮、民宿、市集、创客平台跨界整合的探索。

研学活动为孩子们提供真实情景下的体验式学习，指导他们走进农园生态景观，走进花海、菜园等地，探索自然物种的多样性，仔细观察其独特之处，融入科学、探索、艺术等研学项目，引导和鼓励孩子扩大舒适圈，激发潜能，挑战目标，锻炼个人身心和团队意识，培育最重要的冒险和探索精神。

注意事项 参加活动的人员需自备服装、运动鞋、防晒工具、帽子等物品。

交通食宿

交通情况 自驾：输入“钱投 • 钱唐农园”即可按照导航路线到达园区。

公共交通：乘坐公交 325 路，高井头站下车即可。

用餐安排 可安排用餐。

住宿安排 不安排住宿。

岩石与矿物那些事儿——浙江地质科创园博物馆研学活动

开展单位：浙江地质科创园博物馆
研学类型：科学探索类
开展时间：全年
开展地点：杭州市滨江区建业路 418 号地矿建设大厦 C 座 1 楼
活动时长：2 小时
费　　用：联系咨询
接 待 量：200 人
联系方式：0571-88102361

研学内容

研学任务 1. 通过团队活动，增强学生之间的凝聚力和团队协作能力。

2. 通过岩石与矿物课程了解三大类岩石的转变及火山喷发。

3. 通过参观精美的矿晶和岩石，对小学科学课程岩石部分有更深层次的了解及更直观的感受。

4. 通过浙江省沙盘的学习，深入了解浙江省的地形特点，学习杭州九亿年的地层变化。

研学安排 10:00—10:40 科普教室矿物与岩石课程。

10:50—11:30 动手体验课程。

11:30—12:00 地质文化体验中心、地质展厅参观学习。

特色亮点 地质文化体验中心建有 1000 多平方米，以矿晶、地质文创产品展示销售与科普教育为一体的展厅，开发了 25 课时地球科学室内科普动手体验课程，研发了多条野外研学路线，建设了可容纳 50 多人的设备先进的地学科普教室，配备了 700 余册地学、自然、矿物、古生物等相关科普书籍。地质展厅陈列展示面积 800 余平方米，收藏了各类岩石、矿物、化石等地质标本 500 余件。

研学活动本着“创新、创造、体验”的科普理念，联合多所学校定期开展公益性科技教育普及活动，使参与的孩子们能够动手操作，亲身体验，从中享受发现的快乐。

注意事项 严格按照疫情防控措施实施管理。

交通食宿

交通情况 直接导航“浙江地质科创园博物馆”即可，园区有大巴车和私家车停车位。

用餐安排 园区具备标准食堂功能，可容纳 500 余人。

住宿安排 如有住宿需要，可在联系时提出。

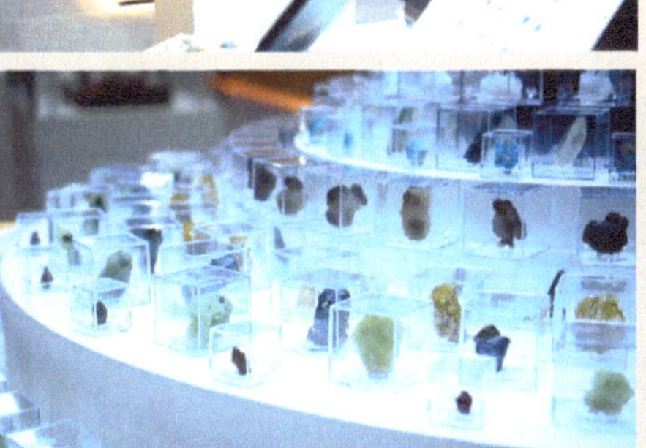

乘时光之翼，赴星辰之约——北京航空航天大学杭州创新研究院研学活动

开展单位：北京航空航天大学杭州创新研究院
研学类型：科技探索类、红色教育类
开展时间：联系确定
开展地点：杭州市滨江区创慧街 18 号
活动时长：1 天
费　　用：联系咨询
接 待 量：80 人
联系方式：微信号 LYJ97225

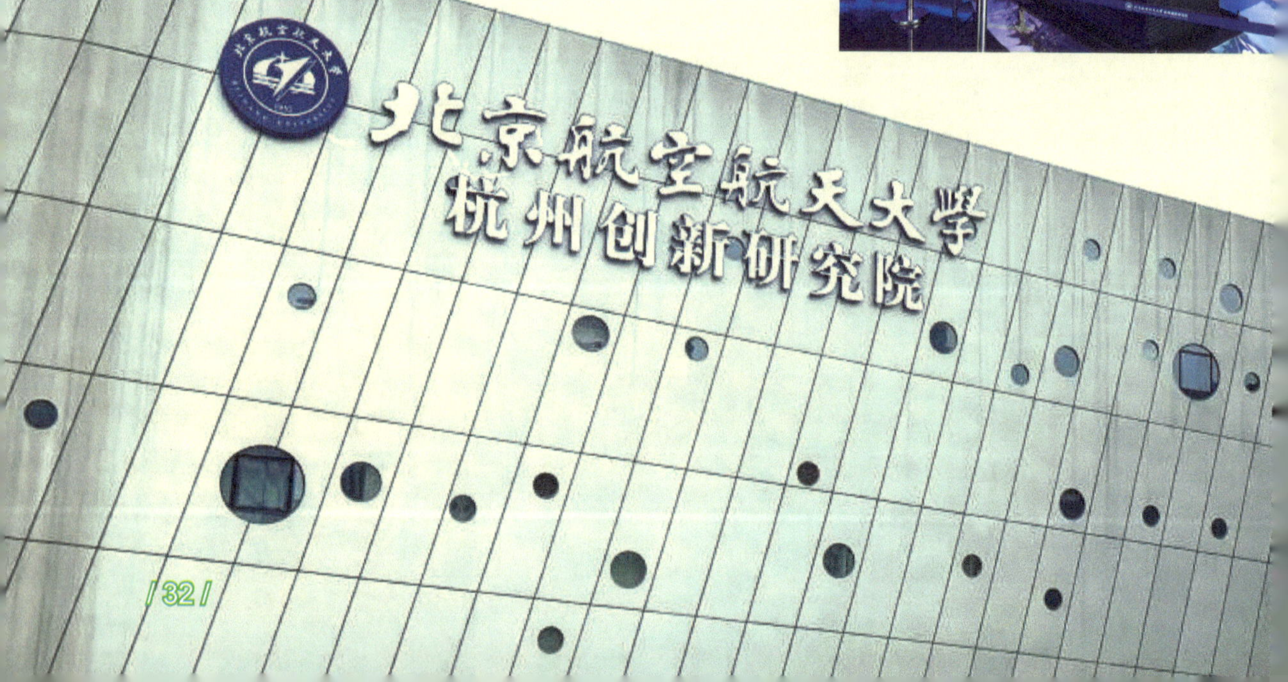

研学内容

研学任务 1. 感受人类对航空航天的向往，学习航空航天的趣味文化与科技知识，了解航空航天的发展动力与前进方向。

2. 面向航空航天工程实践中的具体问题或项目，通过运用多学科知识和动手实践，探究解决问题的思想与方法。

3. 在航空航天的故事世界中，扮演各类角色进行课程深度学习体验。

4. 重温与党的百年光辉历程深度融合的中国航空航天史，回顾中国航空航天在挑战中实现跨越，在艰辛中铸就辉煌的风雨兼程与春华秋实。

研学安排 1. 航空航天科普体验展厅参观体验，通过虚拟现实、人机交互、科学实验等多种方式使学生身临其境般体验科学场景。

2. 参观体验大数据与工业智联网技术研究室，通过科普讲解、实验演示，近距离感受科研重器并进行工业级六自由度柔性机械臂抓取物体的科学实验。

3. 参观体验浙江省智能传感材料与芯片集成技术重点实验室，了解智能材料、热电材料、激光加工领域的前沿科技，近距离感受科研重器并体验先进材料及其元器件和飞秒级激光打印机工艺。

4. 午餐及午休。

5. 结合学到的知识完成六自由度机械臂、新能源小车、声控 LED 等的设计制作。

6. 在航空航天故事世界中，通过扮演空管员、飞行员等各类角色进行课程深度学习体验，沉浸于航空航天世界中。

特色亮点 北京航空航天大学杭州创新研究院，是一所由北京航空航天大学与浙江省、杭州市及滨江区三级政府共建的新型人才培养和科技创新平台，设立了量子精密测量与传感、微电子与信息材料、人工智能、大数据科学与脑机智能、综合交通大数据、网络空间安全六大研究中心及国家级科研平台杭州分部，开展相关专业的高层次人才培养和多学科交叉的前沿创新研究。

航空航天是所有高新技术的试验场和集合器，体现了人类一直在探索未知的边界，永具创新和突破。研学活动结合航空航天国家科技热点，以知识科普、空天科学、角色扮演、智能制造、科学实践为学习目标，通过参观、体验、互动、课程等多种形式进行特色培养，寓教于乐，在快乐学习中提升青少年创新意识和实践能力，培养科学素养和科研精神，打造区域性活动标杆，激发青少年对党和祖国的热爱及对航空航天学科的热情，在拓展科学知识的同时，增强学生对北京航空航天大学乃至新中国航空航天史的了解，提升学生对祖国空天事业的热爱，厚植空天报国情怀，发扬敢为人先精神。

交通食宿

交通情况 自驾：导航前往杭州市滨江区长河街道创慧街 18 号；配备地下停车场，车位充足。

地铁：1 号线，滨和路站 C 口出站，步行 1.8 公里。

公交：114 路，春波小区站下车，步行 700 米；175/175（M）路，滨兴路江晖路口下车，步行 405 米。

用餐安排 可安排用餐。

住宿安排 不安排住宿。

传承红色基因，弘扬科学精神——浙江理工大学理学院研学活动

开展单位：浙江理工大学理学院
研学类型：科技探索类、红色教育类
开展时间：联系确认
开展地点：杭州钱塘区下沙高教园区 2 号大街 928 号
活动时长：1 天
费　　用：免费
接 待 量：30 人
报名方式：关注“理学青年”公众号（微信号：zstulxy）

研学内容

研学任务 1. 在团体辅导中提升人际交往和团队协作能力。
2. 在红色科普微课中学习革命历史知识，提升科学素养。
3. 在科普基地闯关游戏中探寻科学奥秘。
4. 在科普小制作比拼中强化动手能力。

研学安排 8:20 到达浙江理工大学南大门，各小队队长清点小队人数，并报告带队老师，确认团队人数无误。

8:30—9:00 参观红色文化讲习馆，深刻学习红色历史、体悟红色文化。

9:00—10:30 参观丝绸博物馆。丝绸博物馆入选第一批浙江省产业工人思想政治教育基地，也是唯一入选的高校基地。研学小队依次参观序厅、近代厅、现代厅、“一带一路”厅、互动厅五大展厅，体验“世界视野、中国高度、江南韵味、浙江风采、理工特色”的丝绸文化。

10:30—11:00 观看纪录片，可以暂做休息。

11:00—13:00 就餐及自由活动。

13:00—13:30 团体游戏，包括同心鼓游戏、不倒森林游戏，培养团队协作能力，在一次次的尝试过程中不断总结提升，提高小队成绩，达到人、力量、心态、动平衡、目标平衡，学会合作，达到共赢，学会情绪控制。

13:30—14:00 物理实验室闯关，由理学院志愿者对物理仪器原理进行讲解，协助研学成员体验物理仪器，感受科技的奥秘。例如，飞机升力、弹性碰撞球、转动惯量、手摇发电机、神奇的辉光球等，从具体的仪器中了解其中的科学原理，拓展研学成员的思维，将原理应用到生活中。

14:00—14:30 由专业的科普微课讲解员进行讲解，向研学成员介绍主题科学知识，以上一堂互动、有趣的微型科普课的形式教授符合研学成员身心发展水平的知识。

14:30—15:20 科技小制作，将抽象的原理内含于形象具体的操作中。

15:20—15:30 总结及结业仪式，给每一个成员颁发研学证书。

特色亮点 浙江理工大学理学院青少年科普教育基地和浙江理工大学青少年素质提升社科普及基地分别为浙江省科普教育基地和浙江省心理社科普及基地。学校还有红色文化讲习馆（省级党员教育培训基地）、丝绸博物馆（省产业工人思想政治教育基地）等研学场馆。

科普教育基地至今已有 8 年实践积累，基地立足杭州市，以中小学生为服务对象，以科学普及为主要研学内容，已在学校周边中小学形成了较好口碑。

研学活动包括自然科学普及研学活动、心理学社科普及研学活动、红色科普研学活动、“云游科普基地”线上研学活动。目前已开发“数学城堡”和“航海时代”等八大系列科普研学课程，拥有一支心理学专业背景的服务团队，将心理学知识融入科普活动之中，开发“碧霄之上”和“深海卫士”等六大“红色科普”研学课程，并通过线上科普微课、云游科普教育基地、线上科普小制作等形式开展活动。

注意事项 1. 根据报名人数分队，取好队名。原则上 10 人一队，每队选出队长；1 个队分成 2 个小组（每组 5 人），选出组长，形成带队老师——队长——组长的管理模式，队长辅助老师进行管理，清点人数、保障队伍不掉队等。

2. 提前做好联系沟通，做好进校研学申报工作（疫情期间，外校人员参加研学活动须提前申报）。

3. 提前准备好市民卡等证件和饮用水等。

交通食宿

交通情况 地铁 1 号线到文泽路 A 出口下，不鼓励自驾进校。

用餐安排 不安排用餐。

住宿安排 不安排住宿。

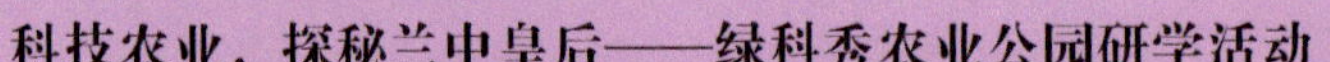

科技农业，探秘兰中皇后——绿科秀农业公园研学活动

开展单位：绿科秀农业公园
研学类型：科技探索类
开展时间：全年
开展地点：杭州市萧山区竞潮路与钱农东路交叉口东北 200 米
活动时长：1 天
费　　用：联系咨询
接 待 量：500 人
联系方式：0571-83781185，提前 3 天电话预约

研学内容

研学任务 1. 通过参观蝴蝶兰组培实验室，育苗温室。

2. 了解种植介质、动手体验等环节了解蝴蝶兰的生长过程及养护方法。

3. 制作学习手册、把作品带回家，观察蝴蝶兰的整个生命过程。

研学安排 9:30 抵达传化生物技术有限公司，在讲解老师的带领下，参观组培基地，了解营养液配比中心、蒸汽灭菌器、组培实验室、空气净化系统、蝴蝶兰生产温室等项目，探秘蝴蝶兰的生长过程。

10:00 驱车前往绿科秀，参观传化花园中心，认识蝴蝶兰品种，欣赏蝴蝶兰花艺。

10:20 体验蝴蝶兰种植，在花艺老师的带领下认识各种种子材料与配件，了解养护知识，动手种植一盆蝴蝶兰，并带回家观察，填写观察日记。

11:30 午饭休息时间（可自带，也可提前预订快餐和桌餐）。

13:00 兰花写生时间，根据对蝴蝶兰的了解，选择自己最喜欢的一盆兰花进行临摹，大家介绍绘画的理念及心得。

14:00 填写学习手册，记录活动过程及感受，集体讨论。

15:00 收拾行李、返程。

特色亮点 绿科秀农业公园隶属传化生物技术有限公司，致力于兰科植物技术研发 20 余年，目前研发及引进的兰科品种 300 多个。公园专注于“新农业”，在紧凑的空间里，融合了农业生物技术、智慧农业技术、节能环保技术、农业创意设计，以及富有特色的水果、蔬菜、花卉、香草、功能性植物，甚至各类农业主题的跨界产品。

研学活动之旨在引导学生通过看、听、做、记几个方面全面了解兰科植物，把课本上的知识生活化，锻炼动手能力，近距离体验科技农业之美，萌发对大地、对自然的感恩和敬畏之心。

注意事项 1. 由于个别蝴蝶兰较珍贵，请同学们参观期间不要动手触摸。

2. 出游着装以轻便舒服为主。

交通食宿

交通情况 自驾前往。

用餐安排 不安排用餐。

住宿安排 不安排住宿。

走进未来工厂——临平区科技馆研学活动

开展单位：杭州市临平区科技馆
研学类型：科技探索类、工业类
开展时间：定期举行
开展地点：杭州市临平区沿山路 45 号
活动时长：半天
费　　用：免费
接 待 量：50 人
联系方式：以微信公众号发布的信息为准

研学内容

研学任务　以参观调研杭州老板电器股份有限公司为例（调研不同的企业会有不同的研学任务）。

1. 通过参观和聆听企业发展史，绘制一张企业发展图表，内容包括企业每个阶段发展时间、员工数量、产品类型、工厂产能等。
2. 思考企业发展规律及对自身的启发。
3. 分组进行数智化主题活动。第一组：数智化设计；第二组：数智化生产；第三组：数智化管理；第四组：数智化服务；第五组：数智化物流仓储。各小组成员根据自己小组数智化主题，在企业中寻找体现相关数字化主题的答案，可以用文字、图表等多种形式表述。
4. 说说企业的核心竞争力。

研学安排　8:10—8:30 启程前往老板集团。

8:30—9:00 参观厨源文化体验馆，体验中国首个集烹饪文化、精湛科技、未来厨房趋势等多位一体的展示空间，感受中华烹饪文化的魅力。

9:00—9:20 集合前往老板电器未来工厂。

9:20—9:50 参观九天中枢数字平台，体验智能生产、智能仓储、智能物流一体链模式。

9:50—10:10 参观智能物流仓储中心，该中心为国内家电行业最大，智能化程度最高的单体库，可以达到年发货 800 万台。

10:10—11:00 与工程师面对面交流；各小组讨论并填写汇总研学任务卡内容；每组安排一名代表在台前讲解研学任务成果及研学感悟；工程师对各小组的研学任务进行点评。

11:00—11:20 返程。

特色亮点　杭州市临平区科技馆坐落于临平沿山路，是区重点工程项目“一馆四中心”的门面，被授予区青少年科普教育基地、市青少年学生第二课堂活动基地等称号。

“少年科普行之走进未来工厂”研学活动通过参观浙江省“未来工厂”，帮助青少年了解企业的发展历程及企业艰苦奋斗的创业精神，从数智化和科技赋能角度，探析数据在信息化时代工业中发挥的作用；通过企业参观、与工程师互动、研究性学习对企业有一定了解，帮助青少年树立文化自信，为职业生涯规划打下基础。

注意事项　参观过程中全面禁烟，指定区域不得摄影，12 周岁以下人员不得进入厂区，进入厂区听从保安指挥，有序停车。所有学生带着问题沿着指定线路聆听企业工作人员讲解，期间可以采访工作人员。

交通食宿

交通情况　大巴车统一前往。

用餐安排　不安排用餐。

住宿安排　不安排住宿。

良渚古城“小玉匠”——良渚古城遗址公园研学活动

开展单位：良渚古城遗址公园·良渚文明探索营地
研学类型：人文艺术类
开展时间：春季 3—6 月，秋季 9—11 月
开展地点：杭州市余杭区瓶窑镇凤都路与 104 国道交叉口
活动时长：7 小时
费　　用：联系咨询
接 待 量：1000 人
联系方式：15968196030
其他研学活动：全年定期开展“小小考古学家——神秘的陶片”一日研学活动，15 人开营（30 人满营），以任务为指引，让学生扮演小小考古学家，抢救剩余的陶片残骸、破译刻符，以每期“良渚文明探索营地”微信公众号发布招募为准。

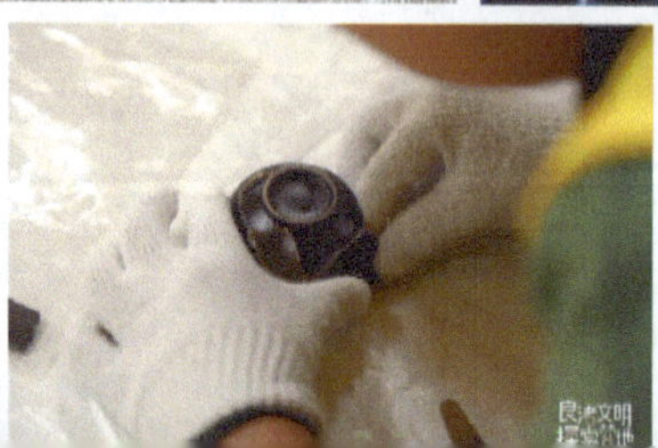

研学内容

研学任务 一、探秘古城目标

1. 了解良渚文化在中华文明史中的地位和意义。

2 了解良渚古城的功能分区。

3. 观察良渚古城常见的植物和鸟。

二、良渚职业体验——玉匠

1. 了解玉的基本概念，熟知玉文化。

2. 认识良渚时期重要的玉器，了解良渚时期典型的玉器代表——玉琮的制作步骤。

3. 动手实践制作玉鸟，体会玉匠做玉的艰辛，锻炼自身的专注力。

研学安排 9:00—9:30 开营仪式，进行分组并发布任务，了解良渚时期的重要文物。

9:30—11:30 探秘良渚古城，从营地出发，前往反山王陵，再前往莫角山宫殿，后返回。途中观察良渚古城的功能分区，观察古城常见植物与鸟类，观察自然，锻炼毅力，了解良渚文化在中华文明史中的地位和意义。

11:30—12:30 午餐和自由活动。

12:30—12:50 文化小课堂，探秘良渚古城任务答案，进行知识小比赛。

12:50—14:15 良渚特色工作坊——玉器制作，了解良渚玉琮的制作步骤，体验玉鸟制作，学习制玉工艺。

14:15—14:30 结营仪式，总结回顾，颁发研学纪念礼物。

特色亮点 良渚文明探索营地系良渚古城遗址公园唯一指定的研学旅行营地，系全国首个在五千年文明沃土之上的青少年教育营地。占地面积 101 亩（约 673.33 平方米），建筑面积约 7748 平方米，可容纳 1000 人同时开展研学活动。

营地设有户外自然体验区、学术科研中心、教育体验中心、生活成长中心四大核心功能区。现已获取“浙江省中小学生研学实践教育基地”“杭州市中小学生研学旅行基地”“杭州市科普教育基地”“杭州市环境教育基地”等荣誉资质。

注意事项 严格按照疫情防控措施实施管理。

交通食宿

交通情况 直接导航“良渚文明探索营地”即可，营地有大巴车和私家车停车位。

用餐安排 营地具备标准食堂功能，设有 304 个餐位和独立操作功能区。

住宿安排 营地具备住宿床位 280 余个，房间内带有独立卫生间，洗漱区干湿分离，独立储物柜，同时配有宿管老师。

良渚建筑探索——昊梦文化研学活动

开展单位：杭州昊梦文化传媒有限公司
研学类型：人文艺术类
开展时间：4—12 月
开展地点：杭州市余杭区良渚文化村
活动时长：7 小时
费　　用：联系咨询
接 待 量：20 ～ 30 人 / 组
联系方式：微信预约
其他研学活动：全年定期开展“良渚文明的光影剧场”和“昆虫侦探——西溪的虫子们”等短时研学活动，走访名胜古迹，参与课程，制作体验，可微信咨询。

研学内容

研学任务 1. 了解建筑历史与建筑文化，了解良渚几个著名建筑的特点。
2. 带领孩子们了解及欣赏大师级建筑与设计，也了解建筑师们的不同创新点。
3. 启蒙孩子的建筑艺术，感受建筑空间，了解建筑工程。
4. 对建筑进行测量，并对数据实际应用有一定的感知。

研学安排 9:00—9:30 集合报到，到达良渚文化村。
9:15—9:45 开展良渚建筑课程，由建筑大师讲解良渚建筑文化。
9:45—11:00 开展建筑设计课程，学习建筑设计应用，学习鸟瞰图与建筑图的比例关系，并根据假设条件设计自己的艺术馆或博物馆。
11:05—11:50 建筑设计展示，展示设计成果，讲解设计想法。
12:00—13:00 午餐。
13:00—13:30 参观良渚博物院建筑，了解良渚文明起源，观察良渚博物院建筑形态。
13:30—14:30 参观良渚文化艺术中心，实地了解清水混凝土建筑的独特性。
14:40—15:30 测绘良渚文化艺术中心，用身体或其他工具对建筑外部进行测量。
15:30—16:00 展示汇报，表达对建筑的理解与观点。

特色亮点 研学活动旨在带领孩子们了解及欣赏大师级建筑与设计，让孩子们能真正理解建筑背后的原理与美学，能尊重自我生存的环境与资源，并解读建筑空间艺术对学生的教育意义。

注意事项 使用钢尺时注意正确使用方法，行走时注意交通安全。

交通食宿

交通情况 大巴到达良渚文化村。

用餐安排 安排用餐。

住宿安排 不安排住宿。

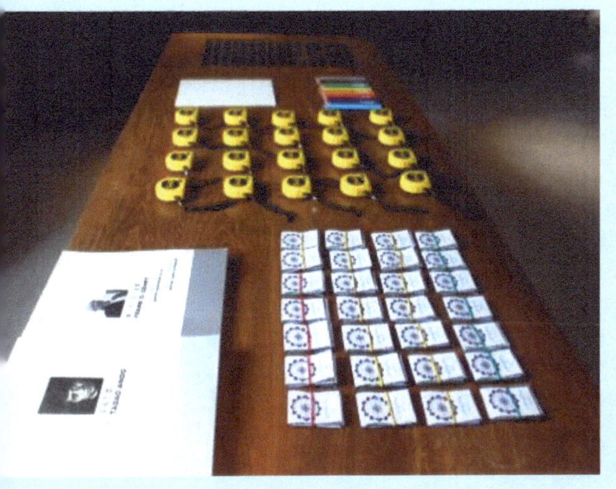

承三修、育匠心——富春江水电设备研学活动

开展单位：杭州富春江水电设备有限公司
研学类型：科技探索类、工业类
开展时间：全年
开展地点：杭州市富阳区大岭山路 228 号
活动时长：4 天
费　　用：免费
接 待 量：100 人
报名电话：0571–63435337，以学校为单位预约参与
其他研学活动：全年开展 1.5 小时 / 场和 2 小时 / 场的短时研学活动，通过参观、体验能够较系统地了解水电的奥秘，可电话咨询。

研学内容

研学任务 1. 学习生产安全知识。

2. 感受工匠的精神和工匠的品质。

3. 认识水轮发电机的原理结构及故障处理。

4. 了解水轮发电机的制造流程和工艺。

研学安排 第一天：10:00 乘车出发到实习基地，当天进行企业介绍及安全教育。

第二天：9:00—11:30 集中参观《吴玉泉技能大师工作室》，听课《水电站水轮发电机组的原理结构故障案例剖析》；13:00—15:30 分组参观水轮发电机组生产工艺流程，并进行水电站设备的检测、试验、实操。

第三天：9:00—11:30 进行电气主接线讲解；13:00—15:30 分组参观水轮发电机组生产工艺流程，并进行水电站设备的检测、试验、实操，并进行独轮车比赛。

第四天：上午进行验收考试，下午组织返校。

第五天：由教师指导完成实习手册和图纸。

特色亮点 杭州富春江水电设备有限公司水电科普馆是“杭州市青少年科普教育基地”，馆藏内容丰富，融知识性、科技性、趣味性、文化性于一体，是青少年研学的好去处。研学活动旨在通过参观、体验能够较系统地了解水电的奥秘，能够有效地弥补学校和家庭教育的不足，可以进一步激发学生的创造性，学生在基地可以根据自己的意愿去设计、创作作品，去解决生活中的实际问题，培养学生的创新能力。

所有参与研学旅行接待活动的人员皆培训上岗，是专业的带队老师，掌握急救知识，具备突发情况的处理能力。通过研学活动，学生们学到的不仅仅是专业知识，还能更深刻地领悟工匠精神，全面提升个人素养。

注意事项 基地对相关的管理人员、设备操作人员进行技术培训和安全教育，定期对有关工作人员进行安全培训，保证每个员工熟悉发生意外之后的救援程序。

交通食宿

交通情况 大巴车接送。

用餐安排 安排用餐。

住宿安排 不安排住宿。

与自然一起成长——清凉峰访鹿寻踪研学活动
开展单位：清凉峰国家级自然保护区
研学类型：户外自然类
开展时间：联系确认
开展地点：杭州市临安区清凉峰镇
活动时长：2 天
费　　用：交通、食宿自理，其他免费
接 待 量：30 人
联系方式：0571-63663458

研学内容

研学任务

1. 参观清凉峰科技馆，观看“鹿鸣清凉峰”微视频，聆听植物科普讲座，增长生物多样性保护知识。
2. 走近自然（浙西天池），近距离接触国家一级保护动物——华南梅花鹿，聆听梅花鹿保护、种群扩繁的故事，增强珍稀濒危动植物保护意识。
3. 参与五水共治，学习五水共治相关知识，五水共治大 PK，看看谁是五水共治小能手。
4. 认真观察一株植物，了解植物的形态特征，掌握观察和记录一个物种的方法，完成自然笔记创作。

研学安排 第一天：

9:00 到达临安区昌化镇清凉峰管理局。参观清凉峰科技馆，观看“鹿鸣清凉峰”微视频，聆听植物科普讲座，增长生物多样性保护知识。

11:00—12:00 午餐。

14:00 到达千顷塘保护站（浙西天池），走近自然，近距离接触国家一级保护动物——华南梅花鹿，聆听梅花鹿保护、种群扩大的故事。在这座物种基因宝库，教会孩子们更加爱护自然资源，学会人与自然和谐相处。

15:00 参与五水共治，学习五水共治相关知识，五水共治大 PK，看看谁是五水共治小能手。

第二天：

8:00 认真观察一株植物，了解植物的形态特征。

9:00 通过小组合作、指导教师讲解，学习自然笔记记录方式方法。

11:00 掌握观察和记录一个物种，记录观察到的事物及自己的所思所想（以图画和文字相结合的方式进行记录）。观察到的细节包括：眼睛看到的，耳朵听到的，鼻子闻到的，手指摸到的，心里想到的。完成自然笔记创作。指导教师点评，对“鹿鸣清凉峰”研学工作进行主题汇报，活动总结。

特色亮点 清凉峰自然保护区位于临安区境内，总面积 10 800 公顷，区内野生动植物资源非常丰富，包含了大量国家重点的保护珍稀濒危植物、国家重点保护的野生动物，是个生物多样性的聚集地。

研学活动在千顷塘保护区域举行，近距离探访华南梅花鹿踪迹，聆听呦呦鹿鸣，了解清凉峰丰富的动植物知识、特色森林景观和国家一级保护动物华南梅花鹿。在这座物种基因宝库，教会孩子们更加爱护自然资源，维护生物多样性，学会人与自然和谐相处。

注意事项 须购买野外安全保险。

交通食宿

交通情况 参加人员统一组织车辆前往。

用餐安排 不安排用餐。

住宿安排 不安排住宿。

红韵天目山——浙江天目山“天目精神”研学活动

开展单位：浙江天目山旅游建设有限公司
研学类型：户外自然类、红色教育类
开展时间：全年
开展地点：杭州市临安区天目山景区
活动时长：1 天
费　　用：联系咨询
接 待 量：1000 人
联系方式：关注“天目山”微信公众号了解详情
其他研学活动：全年开展“走进天目山·探寻自然奥秘”一日研学活动，了解天目山丰富的动物、多样性的文化、特色森林景观和植物种类，可电话咨询。

研学内容

研学任务	1. 了解天目山丰富的动物、多样性的文化、特色森林景观和植物种类。更加爱护自然资源，体验人和自然的和谐相处，以及了解天目山特有的物种。 2. 红色精神传承：追寻红色记忆，沿着周恩来足迹，进行一次身体力行的红色精神传承。 3. 传承科学精神：古有李时珍在天目山采草药的故事，现今“两弹一星”功勋奖章获得者程开甲与天目山的故事。 4. 立足生态保护：不断植树造林，才有现在天目山的优质生态，柳杉、银杏离不开古人及天目山僧人的保护传承精神。
研学安排	8:00 出发前往天目山爱国主义教育基地。 9:00 开展红韵天目活动，学习临安百年党史，建军团出征。 9:30—11:30： 1. 追寻红色记忆，观一场红色电影；唱一首红色赞歌；走一段革命路；体验一次革命战斗生活：制作担架：在行走的革命路上，学会战场救护，追寻周恩来足迹，进行一次身体力行的红色精神传承。 2. 传承科学精神，学习李时珍在天目山采草药的故事，聆听现今“两弹一星”功勋奖章获得者程开甲与天目山的故事，以及竺可桢与浙大西迁的故事，学习前辈们的探索开拓的科研精神。 3. 立足生态保护，探寻天目山的优质生态，观察柳杉、银杏等植物。 12:00 吃一餐忆苦思甜饭。 13:00 参观天目山自然博物馆，欣赏介绍景区的微电影。参观珍稀动植物标本博物馆，增长知识，了解天目山丰富的动物、多样性的文化、特色森林景观和植物种类。 14:30 授勋颁发“英勇小战士”荣誉证书。 15:00 胜利会师，拍照留念。
特色亮点	天目山为国家级自然保护区，世界生物圈保护区，国家 4A 级景区，区内峰峦叠翠、古木葱茏、动植物种类繁多、珍稀物种荟萃，为国家教学科研重要基地，被国家授予“全国青少年科技教育基地”和“全国科普教育基地”称号。 研学活动基于天目山悠久的历史文化底蕴，治愈当代孩子们的大自然缺失症。按照“行中学、学中思、思中练、练成材”四大循序渐进的学习法，让孩子们在大自然课堂里将学习融入旅行，边走边看边学。让孩子在旅行中发现、学习，有文化、有内涵、有风景、有奥秘，更有惊喜。
注意事项	学生在研学旅行教育课程中应该一切听从研学指导老师和带队教师的指挥，不得擅自行动、不得私自脱离队伍。

交通食宿

交通情况	建议自驾前往。
用餐安排	安排用餐。
住宿安排	不安排住宿。

深耕新安文化，百草临岐健康行——乐学同游研学活动

开展单位：杭州乐学同游文化发展有限公司
研学类型：户外自然类、劳动教育类、传统文化类
开展时间：全年
开展地点：杭州市淳安县临岐镇中医药教育研学基地
活动时长：1 天
费　　用：联系咨询
接 待 量：250 人
联系方式：13758103100
其他研学活动：每年暑假都会开展为期 5 天 4 晚的“小药师乡村调研健康主题研学活动”，走进自然，学习药理，创作乡土调研报告，可微信或电话咨询。

研学内容

研学任务
1. 走进中国千岛湖中医药博物馆参观探究，学习了解中医缘起、新安医学、动植物中药材等知识，感受传统中医药文化魅力。
2. 走进中医药科普课堂，学习、实践中草药制作、储存方法及调配相关知识；学习中药计量单位及称量方法，制作养生泡脚包。
3. 开展药田劳动教育，学习采药技能，探究草药生长环境及特征功效，进行中草药实地种植、养护、采摘或挖取。

研学安排 8:40—9:30 临岐镇中集合，以班级为单位进行团队熔炼活动，趣味竞技活动；发布研学任务，发放研学物资，制订学习计划。

9:50—10:50 开展中医药科普课程，了解百草临岐中医药发展历史、临岐淳六味特色药材、中药材存储条件及方法，学习草药的药性知识，并制作中草药泡脚包。

11:00—12:00 参观中医药博物馆，学习“新浙八味”、中医药历史文化等知识。

12:00—12:40 午餐，在临溪山庄品尝特色药膳——暖碗，感受药食同源。

13:40—14:30 在临岐中草药基地进行药材种养课程，实践体验草药种养。

特色亮点 百草临岐——中医药教育研学基地内有常用中药材近 400 种、动物药材 70 余种、矿物质及其他药材 30 余种，自然生态环境一流，群山巍峨，土壤水质优良，空气纯净无污染，森林覆盖面积率达 90% 以上，是中药材的生长福地。

研学活动设计充满当地特色，跟着定制学习手册，开展 PBL 中医药主题项目式探究，向当地药农、药商、老中医等学习，理论结合实践，从中医药缘起到中医药实践与应用，让学生在玩中学、学中研，全方面了解和体验中医药文化。

注意事项
1. 不得擅自采摘、食用中草药。
2. 由于客观因素造成个别活动无法进行，基地会对研学课程先后顺序进行调整或对部分课程进行更换。

交通食宿

交通情况 研学活动费用中不含交通费用，可按需求提供交通服务。

用餐安排 安排用餐。

住宿安排 不安排住宿。

雏鹰计划，航空探索——建德新联文旅研学活动

开展单位：建德新联文旅有限公司
研学类型：科技探索类
开展时间：周一至周五（假期除外）
开展地点：建德市航空小镇研学营地
活动时长：3 天 2 晚
费　　用：联系咨询
接 待 量：500 人
联系方式：0571-64515680，电话预约
其他研学活动：全年定期开展 1 日短期研学活动及 4 天 3 晚研学活动，通过航空主题系列探索体验，带领青少年了解航空，走进航空，体验航空，激发青少年航空报国的崇高理想，可电话咨询。

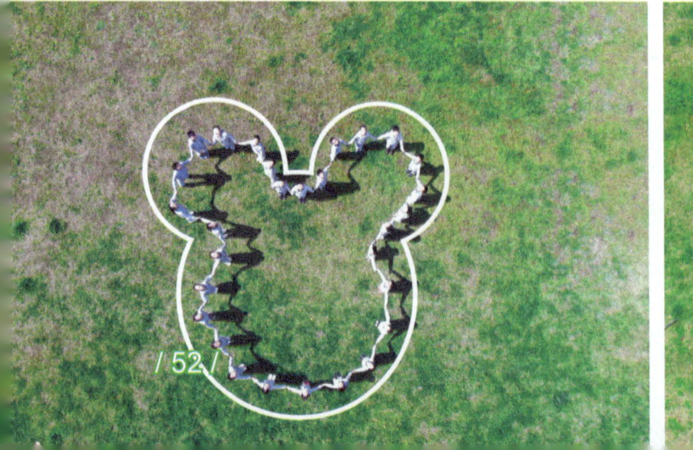

研学内容

研学任务 1. 学习飞行员八项素质，树立崇高的理想，在活动中领会宽广的胸怀，在研学中养成顽强的作风和严格的纪律。

2. 了解航空发展历程，增强使命感与责任感，探索飞行奥秘，培养创新能力。

3. 体验航空活动，锻炼空间感知能力与手眼协调能力。

研学安排 第一天：

1. 举行破冰仪式，由退役空军飞行员授旗、分队。
2. 换机长服，学习飞行员八项素质，了解中国从航空发展的艰辛历程。
3. 沉浸式观影，观看爱国主义教育片。
4. 在省航空模型运动队队员指导下，分组进行无人机穿越竞赛。

第二天：

1. 通过电脑和操纵杆模拟操纵固定翼飞机。
2. 制作橡筋动力飞机，并进行分组对抗赛。
3. 进入纸飞机的世界，看老师如何将飞机的结构、空气动力学、伯努利定理这些内容集中到薄薄的一张纸上。
4. 简单尝试无人机的基本用途——航拍，为同学们留下美好的回忆。
5. 亲手包饺子做晚餐，并书写家书。

第三天：

1. 纸飞机比赛，完成“直线距离挑战赛”“奥运五环标靶赛”“接力赛”“空中滞留赛”4 项比赛。
2. 观看浙江省航空模型表演队进行的航模特技表演。
3. 颁发结营证书并返程。

特色亮点 新联文旅位于建德航空小镇，小镇汇集了高空跳伞、低空游览、热气球、航空研学、航空主题酒店等特色文旅项目，是以国家级研学营地标准建设的航空主题研学营地，营地含教学楼、宿舍楼、综合楼、学生餐厅、公共互动区等功能区，其中新联航空飞行基地与新联航空科普中心为教学活动主要场所，可为研学及冬夏令营活动提供完善的吃、住、行、学基础设施设备。

研学以飞行员八项素质为导向，开设涵盖航空历史、航空原理、航空机械、航空通信、航空气象等课程，旨在为青少年搭建一个航空主题的学习平台，开拓航空科技视野、普及航空主题教育、激发课外学习热情、弘扬爱国主义精神，引领民众了解航空、走进航空、体验航空。

注意事项 馆内真机及模型未经允许请勿随意触摸，原理实验道具及飞行模拟器请勿暴力操作。无人机、航模模拟器、飞行模拟器及原理实验道具请在工作人员指导下使用。费用包含教官费、餐费、住宿费、保险费和课程体验费。不包含交通费。

交通食宿

交通情况 建议自驾前往。

用餐安排 营地提供桌餐与分餐。

住宿安排 营地提供高低铺、榻榻米。

稻花香里说丰年——浙江省农业科学院杨渡基地研学活动

开展单位：浙江省农业科学院杨渡基地
研学类型：户外自然类
开展时间：春夏秋冬按季节开展
开展地点：海宁市许村镇
活动时长：1天
费　　用：联系咨询
接 待 量：40～60人
联系方式：0571-86415205

研学内容

研学任务 1. 了解认识水稻品种及其生长过程。

2. 体验如何给作物除虫除草。

3. 体验农作物灌溉过程。

4. 体验耕田、水稻播种、插秧、收割等过程。

5. 体验农田抓鱼、寻宝的快乐。

6. 完成一份研学报告。

研学安排 春夏季：

9:30—11:30 参观水稻种植示范区，了解水稻从种子到稻米的全过程，了解相关农业知识。（夏季参观水稻育种基地，了解水稻催芽、育种、移植知识，了解水稻的病虫草害的种类，体验如何给水稻施肥施药。）

11:30—14:00 午餐、午休。

14:00—16:00 浑水摸鱼。锻炼学生的动手能力、反应能力及对陌生环境的快速适应能力。

秋冬季：

9:30—10:20 参观水稻种植示范区。

10:20—11:30 收割打稻。了解收割打稻的流程，认识收割打稻的各种农具，体验农耕过程的艰辛。

11:30—14:00 午餐、午休。

14:00—16:00 稻草人 DIY，动手实践。

特色亮点 杨渡基地是浙江省农业科学院核心基地、国家农业科技创新与集成示范基地和浙江省省级高科技园区。基地每年接待参观、考察、培训人员 3000 余人次，定期举办市民“开放日”活动，有力地推动了农业新品种、新技术、新设施的示范推广。农耕研学活动能够使学生增加生活技能，增强课外知识，学会吃苦耐劳，能够培养动手能力、团结合作能力，体会收获的乐趣和自己动手创造出价值的满足感。通过学农体验，使学生了解我国的自然地理和农业发展史，同时接受国情教育和环保教育。

注意事项 1. 学生须穿统一校服和运动鞋，自带双肩背包，禁止携带危险物品（如刀、火种等）和贵重物品（如手机、相机等）。

2. 参加活动时学生应听从带队老师统一指挥，不可自行活动，特殊情况请提前告知老师。

交通食宿

交通情况 乘坐中巴或大巴前往。

用餐安排 安排用餐。

住宿安排 不安排住宿。

永续，古法堆肥，守护绿水青山——兰里研学大本营研学活动

开展单位：杭州西湖农业旅游投资发展有限公司（兰里研学大本营）
研学类型：科技探索类、户外自然类
开展时间：全年
开展地点：杭州市西湖区三墩镇蒋家斗 26 号兰里研学大本营
活动时长：1 天
费　　用：联系咨询
接 待 量：50 ～ 500 人
联系方式：13758236626

研学内容

研学任务 1. 感悟中国古法农业智慧——保护土壤的智慧，并倡导环境友好型原则，学会将废变为宝，领悟保护环境的意义，同时能体验堆肥的乐趣。
2. 学员需要了解堆肥的三要素，思考为什么要堆肥、堆肥的优点；同时也要掌握什么可以堆肥，什么不可以堆肥。
3. 请学员进行课程分享。

研学安排 1. 自我介绍，课程规则讲解。
2. 介绍什么是堆肥并且提问为什么堆肥。
3. 了解常见的堆肥方式、不同堆肥方式的不同原理，掌握堆肥的常规操作步骤，了解不同堆肥方式的优点和缺点。
4. 讲解堆肥中的注意问题，带领学生体验什么样的堆肥是成功的，示范怎样根据这些数据对堆肥情况进行调控。
5. 示范堆肥使用，讲解为什么液态肥需要稀释、固态肥需要摊晾混合使用。
6. 分享与总结，回顾课程内容，并且将物料收回场地清理。

特色亮点 兰里研学大本营由西湖区政府授权西湖文旅集团建设和运营，以美丽乡村、田园风光为背景，结合中小学课标，深挖兰里农耕文化、科技农业、非遗传承等在地文旅资源，形成劳动教育、自然教育、非遗手作、科技 STEM、食育美食、户外素拓六大课程体系，在促进学生德育和新劳动教育发展等方面发挥了重要作用，也积累了有益经验。
研学活动旨在指导青少年了解华夏民族古人农业智慧——堆肥利用，寓教于乐。

注意事项 1. 注意工具的正确使用方法，尤其是比较大型的工具。
2. 如有受伤的同学及时汇报情况，并且对伤口进行处理，做好伤口后续的跟进。

交通食宿

交通情况 营地位于杭州市西湖区三墩镇，公共交通可乘坐地铁到达良渚地铁站中转、公交 1202 可直达；有大巴停车场供大批量研学活动开展使用。

用餐安排 营地内有餐厅，可同时容纳 300 人用餐。

住宿安排 营地内有高低铺、通铺等房型，可容纳 600 人住宿。

仰望星空，启航梦舟——浙江大学大学生微小卫星创新实践基地研学活动

开展单位：浙江大学大学生微小卫星创新实践基地
研学类型：科技探索类
开展时间：工作日 9:00—17:00
开展地点：杭州市西湖区浙江大学玉泉校区第五教学楼 229 实验室
活动时长：3 小时
费　　用：联系咨询
接 待 量：10 ～ 20 人
联系方式：0571-87952084

研学内容

研学任务 1. VR 仿真系统体验（面向中低年级学生）
2. 半实物仿真平台实操（面向高年级学生）
3. 可视化卫星任务体验（面向高年级学生）

研学安排 1. 介绍浙江大学微小卫星创新实践基地及微小卫星研究中心，参观基地实验室各类试验设备和演示设备。时长 0.5 小时。
2. 体验 VR 仿真系统，学生可进行模拟卫星装配、环境测试、模拟发射、模拟在轨控制等，感受卫星研制的各个环节。时长 0.5 小时。
3. 解说介绍全流程仿真模拟系统和硬件平台，指导学生动手操作体验半实物仿真，加载或新建想定场景，开展仿真计算。时长 1 小时。
4. 解说介绍可视化卫星任务，指导学生动手操作构建卫星、目标、地面站模型，在二三维地图上实时展示卫星的状态变化。时长 1 小时。

特色亮点 浙江大学微小卫星创新实践基地是面向中小学生的创新实践教育实验场所，发挥高校研学优势，依托实践基地资源，积极开展微小卫星科普教育。
学生可以在研学活动中通过 VR 仿真系统和仿真操作平台，实际感受卫星研制的各个环节。各演示设备可视化强，操作简单，能够提供较好的人机交互体验，帮助学生拓宽认知，培养兴趣，启发新思。

注意事项 1. 疫情期间进校需提前联系办理访客进校申请。
2. 研学活动需事先预约，以便安排接待、解说工作。
3. 研学人员在活动过程中请遵守秩序，爱护公物。
4. 未尽事宜请与实验室沟通协商。

交通食宿

交通情况 乘坐 15 路、21 路、28 路、82 路、197 路、277 路、89 路、8028 路公交车至浙大玉泉校区。

用餐安排 可在浙江大学校内食堂用餐。

住宿安排 不安排住宿。

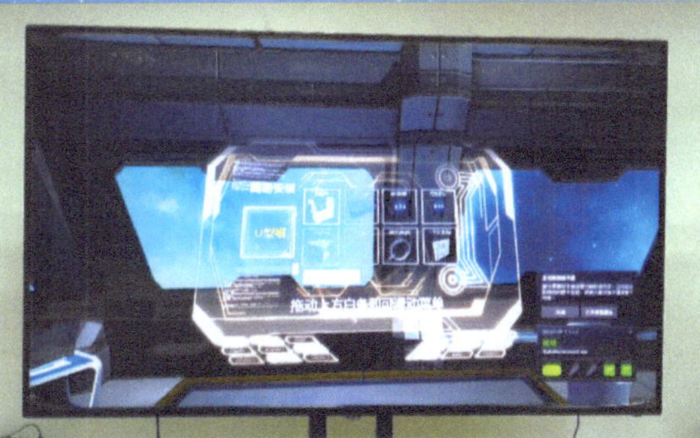

“绿色之旅”燃气安全课堂——杭州绿色能源体验中心研学活动

开展单位：杭州市燃气集团有限公司
研学类型：科技探索类
开展时间：全年
开展地点：杭州市西湖区和林路 6 号杭州绿色能源体验中心
活动时长：1.5 小时
费　　用：免费
接 待 量：35 人
报名方式：“杭州燃气”微信公众号“微友互动”栏目预约报名；或 0571-88163788 电话报名。

研学内容

研学任务 1. 了解绿色能源的前世今生，体验燃气家庭生活，感受家庭厨房文化变迁史。
2. 学习课本上接触不到的燃气安全知识，了解必备的燃气安全常识及紧急情况的处置方法。
3. 研学活动结束后，可结合研学体会和学到的知识，写一篇 200 ～ 500 字、图文并茂的参观体验日记投稿，优秀的作品将于“杭州燃气”公众号发布。

研学安排 1. 展馆参观、场景体验。
由讲解员老师带领参观杭州绿色能源体验中心“四馆六场景”，了解能源发展的前世今生。置身天然气家庭应用体验场景、厨房能源应用场景、家庭供暖体验场景、天然气分布式能源应用场景等，还可以通过 VR 体验在场馆内畅游。
2. 燃气安全课堂。
由燃气安全课堂授课老师带来燃气安全课堂，通过动漫、动画片的形式，寓教于乐，学习安全用气知识，了解必备的燃气安全常识及紧急情况的处置方法。

特色亮点 杭州绿色能源体验中心共 7 层，建筑面积 19 085 平方米，是一座城市的绿色客厅，整栋大楼采用分布式能源 + 可再生能源供能相结合，实现了人、环境与建筑之间的绿色循环，讲述天然气的“前世今生”，馆内集知识、趣味、互动、休闲、体验等多种元素为一体，2017—2021 年连续 5 年获得杭州体验“最具品质体验点”。2018 年被杭州市西湖区文明办命名为“西湖区青少年学生第二课堂”。2019 年“杭燃体验”荣获“品牌杭州 • 产品品牌”生活品质特别奖。2020 年 11 月授获“智能亚运一站通城市体验点”称号。 2021 年 4 月正式入驻品牌杭州“城市客厅”。2021 年 5 月荣获杭州首届市民日“金城标奖”。

研学活动旨在推广绿色能源文化、燃气安全文化，树立良好的安全用气意识，学习安全用气知识，了解必备的燃气安全常识及紧急情况正确的处置方法，防患于未“燃”。通过“小手拉大手”，让青少年成为安全用气宣传的小使者，带动每一个家庭重视燃气安全，最终影响整个社会，不断提高人民群众的安全感与幸福感。

注意事项 1. 开展研学活动时，青少年学生需由家长或老师陪同，负责研学纪律、安全。

2. 采用预约制，研学人数 20 ～ 35 人 / 批成团，1 天可安排多批。

交通食宿

交通情况 公交 193 路水口站直达。

用餐安排 不安排用餐，如有需要周一至周五可预约盒饭。

住宿安排 不安排住宿，如有需要可提供 16 个收费的标间。

南方嘉木，技艺传承——三和萃西湖龙井茶研学活动

开展单位：杭州三和萃茶叶科技有限公司
研学类型：户外自然类
开展时间：4 月 6 日—9 月 5 日
开展地点：杭州市西湖区转塘街道长埭村陆家坞 1 号
活动时长：1 天
费　　用：联系咨询
接 待 量：10 ～ 50 人
联系方式：0571-87421588

研学内容

研学任务	学习西湖龙井茶手工炒制技艺，体验鲜叶采摘及西湖龙井茶手工炒制。了解西湖龙井制作过程，传承茶文化。
研学安排	1. 集合后领取提前准备的采茶筐到指定茶园地块采摘茶叶，期间会安排辅导员讲解如何采摘。 2. 采摘茶叶，时间约 2 小时。 3. 11:30—12:30 研学人员可至长埭村自行解决午餐。 4. 鲜叶摊放期间，参观企业生产包装车间，并由公司员工讲解企业发展及西湖龙井茶相关知识。 5. 视鲜叶摊放情况，安排研学人员体验手工炒制西湖龙井茶，并由炒茶大师工作室人员提供讲解与帮助。 6. 16:30 带上亲自制作的西湖龙井茶愉快返家。
特色亮点	杭州三和萃茶叶科技有限公司位于杭州市西湖区龙坞茶镇，当地四周群山环绕，茶园茶山连绵起伏，是西湖龙井最大产区，素有“万担茶乡”之称，主要发展茶产业 + 旅游业。 三和萃茶叶科技有限公司现有 80 亩自有茶园，公司选择群体种地块为研学采摘场地，让研学人员体验西湖龙井采摘的不易，在三和萃黄祖华西湖龙井茶炒制大师工作室人员全程陪护下进行采摘加工体验。西湖龙井茶作为国家历史名茶、杭州的一张金名片，希望让杭州中小学生能够亲自体验西湖龙井茶手工炒制，进一步了解西湖龙井茶，传承茶文化。
注意事项	做好防晒、防蚊虫措施，采摘活动中防滑倒，学习炒制时需防烫伤。

交通食宿

交通情况	建议自驾前往。
用餐安排	不安排用餐。
住宿安排	不安排住宿。

科学苍穹，浙里追光——浙江省科技馆研学活动

开展单位：浙江省科技馆
研学类型：科技探索类
开展时间：周三至周日 9:00—16:00
开展地点：杭州市拱墅区西湖文化广场 2 号
活动时长：2 小时
费　　用：免费
接 待 量：100 人
联系方式：微信公众号预约参观

研学内容

研学任务	1. 参观一层至三层的常设展厅，体验宇宙遨游、气象万千、海底巡礼、人与科技、科学与艺术、畅享科学等主题展区的展品展项。 2. 探索了解相关科学知识。
研学安排	1. 从大厅进入一层展厅，参观体验宇宙展区、气象展区、海底巡礼展区，重点展项有穿越号、国际空间站、气象预报、台风剧场、蛟龙号、机器鱼等，用时约 40 分钟。 2. 在二层展厅体验人与科技展区、心理展区、科学与艺术展区，重点展项有意念赛车、量子论剧场、科学之翼、跳华尔兹的盒子等，用时约 40 分钟。 3. 进入三层展厅体验畅享科学展区，重点展项有时钟墙、迷宫、彩带精灵、等高线、小球之路等，用时约 40 分钟。
特色亮点	浙江省科技馆建筑面积为 30 452 平方米。其中一层至三层为常设展厅，面积 16 042 平方米，展品展项的设置既有数、理、化、天、地、生等基础科学原理内容，又涉及生命科学、环境科学、材料科学、航天技术、能源技术、信息技术等十几个学科领域知识。馆内两大特色影院球幕影院和 4D 影院播放科普影视片，配置了穹幕银幕，将带来多种特效结合的感官体验。
注意事项	周一周二闭馆（法定节假日另行通知）

交通食宿

交通情况	公交：西湖文化广场东：K200、K456、K556、K133；中北桥站：K2、K72、K105、K814、K19、K106、K78；武林广场：K55、K6、K45、K789；轮船码头：K45、K200、K456、K556、K133。 地铁：1 号线西湖文化广场站下车，C 出口。
用餐安排	不安排用餐。
住宿安排	不安排住宿。

体验感知生命，安全伴随成长——赛孚城研学活动

开展单位：赛孚城·国际应急装备中心

研学类型：应急救援类

开展时间：全年

开展地点：杭州市拱墅区石桥路 308 号兴业街 27 号

活动时长：2 小时

费　　用：联系咨询

接 待 量：200 人

报名方式：学校 / 机构 / 旅行社研学可定制内容（20 人以上）；个人可关注活动信息进行报名

联系方式：15251631366

研学内容

研学任务 1. 根据自然灾害主题、消防安全主题、交通安全主题、家庭急救主题，了解必备急救知识及掌握家庭必备急救技能。

2. 参加触电、火灾、地铁逃生、电梯逃生等 10 个模拟场景的逃生自救实践。

3. 强化心理素质并切实地掌握必备的逃生急救技能。

4. 在面对紧急事故时，通过一定的学习将潜意识里的碎片化逃生转为全面系统的安全技能知识库，多掌握一份应急安全技能，留给自己二次生还的机会。

研学安排 需提前 3 天预约。

上午场 9:30—11:30；下午场 13:30—15:30。

1. 集合、入城仪式（5 分钟）。

2. 研学体验（2 小时）。包括。触电感应你我他、标志大闯关、地铁达人、火灾烟雾逃生、超级灭火能手、电梯探索惊魂记、心肺复苏、高楼火海练技能、万众一心应地震、10 级台风体验、应急物资的认知使用等 11 个项目。

让学员简单了解国内外最先进的应急救援装备，增强人们在面对灾难时的自信心。

3. 结束整队，发奖章（10 分钟），跟随教官到一层前台，可合影留念，领取纪念小徽章和小奖状。

特色亮点 赛孚城总建筑面积 5800 平方米，由咸亨国际联合国际应急管理学会、中国应急管理学会、北京大学数字减灾与应急管理研究中心等单位共同打造的，一次可容纳 500 人体验，是国内首个以安全体验和互动教学等方式，学习各类突发事件及公共安全逃生技能的综合体验基地。

研学活动依据日常生活实际设置了多种应急场景，模拟了十几种安全隐患和灾害现象，旨在通过对这些场景的体验和安全隐患的展示教育，来提升体验人员的自救互救技能，强化应对复杂安全情况的心理素质。

注意事项 1. 严格按照疫情防控措施实施管理。

2. 根据学员的实到人数，安全教官安排分组，原则上 30 人以内为一组，以此类推，酌情安排。

交通食宿

交通情况 直接导航“国际应急装备中心”即可；公交 135 路（兴业街石桥路口站）。

用餐安排 不安排用餐（如有需要，可安排预定）。

住宿安排 不安排住宿。

探秘魔法工厂，解读西湖精灵——西湖水域管理处研学活动

开展单位：杭州市西湖水域管理处
研学类型：科技探索类
开展时间：联系确认
开展地点：杭州市上城区清波门学士桥 6 号西湖水域管理处西湖引配水中心
活动时长：2 小时
费　　用：联系咨询
接 待 量：20 人
联系方式：0571-87067616，电话预约

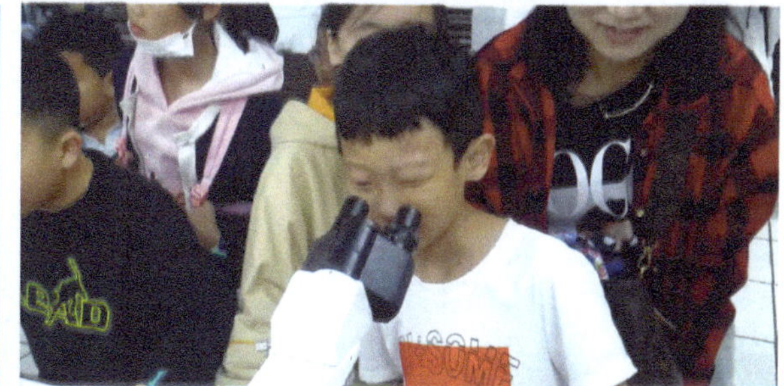

研学内容

研学任务 1. 调查了解西湖水的来龙去脉，完成“水从哪里来？”研学单。
2. 通过老师讲解后，认识西湖常见浮游生物，完成“西湖水中小精灵”研学单。
3. 开展“我的西湖生态笔记”交流探讨。

研学安排 1. 集合。
2. 集中讲解西湖水的来龙去脉。
3. 实地观察西湖水的净化历程。
4. 通过显微镜观察西湖水中的微生物。
5. 探讨交流。

特色亮点 杭州市西湖水域管理处的主要职责为承担区域内世界遗产、园林、文物、历史建筑和非遗文化的保护、管理、研究和利用；承担区域内科研科普、文化陈设和文旅融合工作；承担区域内生态环境、公园景点、基本建设、面上秩序、应急安全等管理工作；承担西湖疏浚、流域生态治理、水资源保护、水生态研究等工作。西湖水域管理处依托充满西湖特色的教育资源，注重借力成长，以规范、严谨、科学的精神开发研学活动，创新科普教育形式，打造具有西湖特色、生态特色、科技特色的青少年科普教育基地。研学活动是帮助同学们全方位了解西湖治水的“秘籍”。通过研学，同学们能够了解西湖水的治理历史，get（了解）水工厂的工作原理，西湖水中生物的精彩解读，看到显微镜下的西湖水世界。通过科学实验、现场参观相结合，活动内容有层次有深度，弘扬科学精神、激发科学梦想。

注意事项 1. 提前预约。
2. 遵守现场安全生产规则。
3. 遇场地检修、迎检等特殊情况，需酌情调整活动时间。

交通食宿

交通情况 自行安排。

用餐安排 不安排用餐。

住宿安排 不安排住宿。

“岩”学课堂，生态科技——日昌升研学活动

开展单位：日昌升建筑新材料设计研究院
研学类型：科技探索类
开展时间：3—4 月、8—9 月
开展地点：杭州市上城区清波街道四宜路 22 号（吴山风景区西麓）
活动时长：2 ～ 4 小时
费　　用：联系咨询
接 待 量：不超过 50 人
联系方式：0571-86062599-8016

研学内容

研学任务 1. 通过介绍了解我国主要山脉的地质分布和岩石特性。
2. 通过介绍参观了解岩石材料在生活中的应用。
3. 通过现场观摩与动手实践了解岩石加工方法。
4. 通过专业讲解了解岩石固废处理的理念与方法。
5. 通过现场讲解参观了解矿山修复相关知识。

研学安排 1. 科普讲堂：专业讲解岩石与地貌、岩石种类与结构、岩石用途、岩石制品的生产加工、岩石矿山的生态修复。
2. 样品展示：岩石特性与分布、岩石加工工艺展示、岩石新材料成品展示。
3. 科学实验：分组进行动手实验，实验包括岩石显微镜观察、岩石成分检测、岩石标本制作、岩石硬度检测，并完成实验报告。
4. 现场观摩：参观富阳基地，观摩矿山修复成果，体验自然生态。
5. 总结表彰：对当天活动进行总结，梳理活动知识，颁发纪念品和证书。

特色亮点 日昌升建筑新材料设计研究院场地依托全国砂石骨料行业最早的民营设计研究院，拥有总面积约800平方米的砂石骨料专业实验室，拥有全国主要山脉及流域的岩种标本，收集展示了国内不同省份、流域、山脉的母岩、纳米石粉等。岩种涵盖广，拥有花岗岩、辉绿岩、辉长岩、砂岩、石英砂岩、长英岩、页岩等各类岩石标本，设备先进，可同时容纳50人进行研学活动。

研学活动以浙大材料学博士后为带头人，教员团队涵盖矿山学、采矿工程学、材料学、工程学等中高级职称专业人员，教员团队院队实力雄厚。旨在激发学生对于岩石科学探索的兴趣，传播国家基础设施建设新材料利用知识，协助在校生树立“生态、环保、绿色”的观念，培养山水林田湖草生命体的共同认识。

注意事项 1. 提前预约。
2. 遵守现场安全生产规则。
3. 遇场地检修、迎检等特殊情况，需酌情调整活动时间。

交通食宿

交通情况 地铁1号线，公交车59路、187路、38路、4B路、4路、1路、42路、102路、133路、314路、1314路等车辆到达。

用餐安排 不安排用餐。

住宿安排 不安排住宿。

不忘初心，书写芳华——网易蜗牛读书馆研学活动

开展单位：网易蜗牛读书馆
研学类型：科技探索类、红色教育类
开展时间：6—8 月
开展地点：杭州市滨江区滨江区创慧街 18 号 6 号楼
活动时长：1 天
费　　用：联系咨询
接 待 量：30 ~ 300 人
联系方式：微信号 Daxingxing227

研学内容

研学任务 1. 完成中共一大沉浸式互动沙盘，运用网易独特的游戏思维，在体力和智力的双重考验下回顾历史，回首百年波澜壮阔，完成中共一大会议，守护初心传承。

2. 打卡网易年度展，深度体验互联网科技下的区块链技术、人工智能 AI 技术和网红直播间，直击时下科技前沿。

3. 与互联网大厂产品经理和资深营销面对面。深入探讨 APP 的诞生流程，从 0 到 1 完成一款产品，了解互联网环境下新的信息传播方式，学会用互联网的思维去表达传达想法。

4. 直击网红直播间，零距离接触网红直播设备，了解主播的工作流程。自己设计完成一个直播，学习后现场体验做主播，用自己的方式推荐红色书籍活学活用。

研学安排 9:00—10:00 课程一：网易文化课。

10:10—11:10 课程二：像产品经理一样思考。

11:20—12:45 课程三：玩转网红直播间。

12:45—13:45 午餐、午休。

13:45—15:15 课程四：百年征程“浙”里出发（上）。

15:00—16:30 课程四：百年征程“浙”里出发（下）。

特色亮点 网易蜗牛读书馆是滨江区政企合作项目，网易系产品线下体验实体空间，融合了互联网思维、1800 平方米的独栋网红图书馆，为前来研学的团队提供了优良的环境和深度接触互联网大厂的机会。

研学活动从互联网出发，紧扣百年红色主题，以游戏思维做历史教育，让学生切身体验到建党之不易，而非浮于表面流于形式；在沉浸的历史学习后，以网易匠心为起始点，了解互联网产品背后的开发与流程，浸润式的接触前沿科技，做到牢记历史，开创未来；在深度学习后，可以明确掌握中共一大相关历史及细节，了解互联网产品经理思维，学会拆解疑难问题，运用到日常的学习生活中去。

交通食宿

交通情况 自驾：导航前往杭州市滨江区长河街道创慧街 18 号；

地铁：1 号线，滨和路站 C 口出站，步行 1.8 公里；

公交：114 路，春波小区站下车，步行 700 米；175/175（M）路，滨兴路江晖路口下车，步行 405 米。

用餐安排 可安排用餐。

住宿安排 不安排住宿。

健康生活，智慧医疗——医惠健康博物馆研学活动

开展单位：医惠健康博物馆
研学类型：科技探索类
开展时间：长期，需提前预约沟通
开展地点：杭州市滨江区阡陌路 399 号
活动时长：1.5 ～ 2 小时
费　　用：联系咨询
接 待 量：30 ～ 40 人
联系方式：0571-87893295

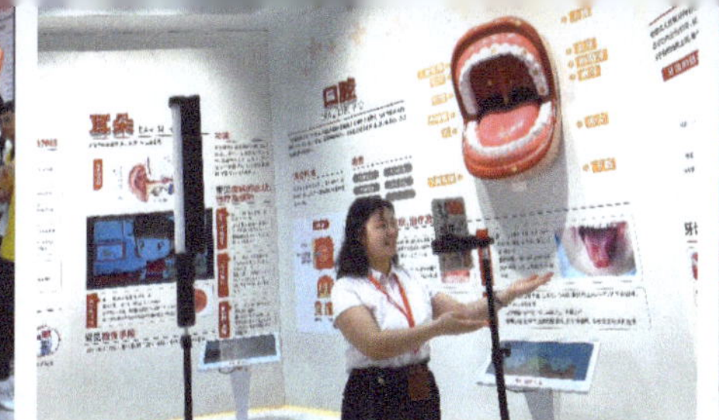

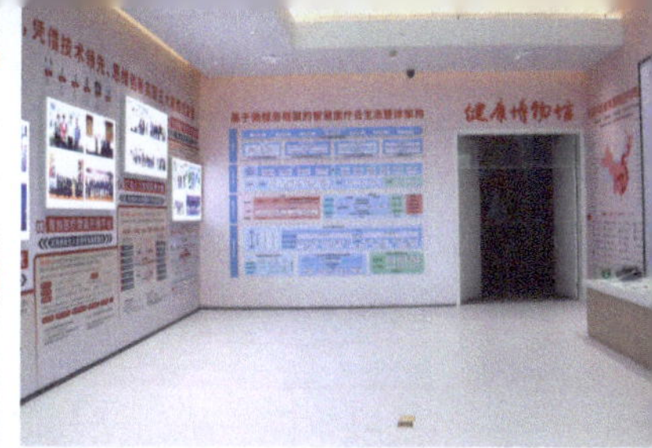

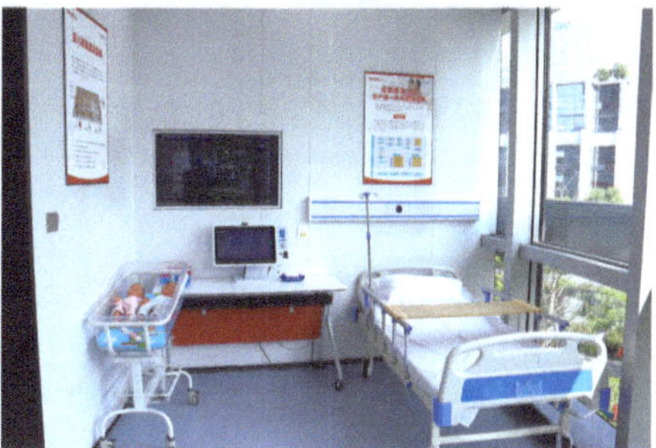
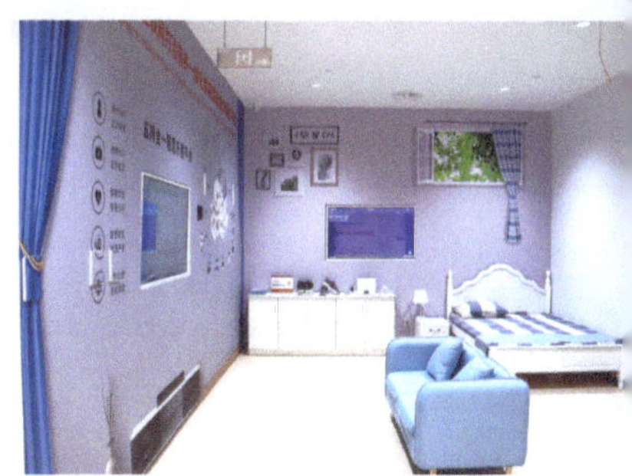

研学内容

研学任务

1. 学习医学的分类、发展，中西医的区别等（任务：自由讨论自己对于医学的了解）。
2. 学习了解人体八大系统中器官的构造、常见疾病、预防手段、治疗手段等（任务：挑选学生代表总结自己的不良习惯带来了哪些疾病，应如何治疗预防）。
3. 体验智慧医院的全流程演示（任务：挑选学生代表自主完成院内全流程体验）。
4. 专题讲座学习健康相关的知识（任务：挑选学生代表进行研学活动的总结发言）。

研学安排

1. 健康宣教科普中心——带领学生参观，选取医疗、健康相关的科普知识，以医学发展、人体构造、疾病与治疗、健康生活内容为主轴，并以娱乐性、互动性、体验性较好的形式呈现，成为较为全面的和系统的科普展馆，以实现科普教育的目的。
2. 智慧医院仿真体验中心——给学生演示硬件设备的使用方法，打造场景化的智慧医院，深入了解智能化应用及国际领先的智慧医院样板。
3. 活动报告厅讲座——邀请专家给学生进行专题讲座，从专业角度让学生真正了解健康与医疗。

特色亮点 医惠健康博物馆场地总面积 3000 平方米，场地开阔，展示内容完整，可容纳大批量参观人员同时进入。各项体验设备均为院内真实使用的设备，能让学生不去医院就能近距离观察这些设备的运作方式，学习在医院检查的所有过程，学习医疗信息化给生活带来的改变。场馆还拥有丰富的专家资源，可联系多家三甲医院专家、高校学者进行讲座。

注意事项

1. 展馆内的展示设施不得进行拆卸。
2. 展馆二楼由于是公司内部产品系统，不得进行拍照对外传播。
3. 展厅二楼体验中心设备，须在工作人员指示引导下完成体验。
4. 展厅三楼报告厅与公司会议室在一个区域，进入报告厅区域须保持安静。

交通食宿

交通情况 地铁 1 号线江陵路站、地铁 6 号线星民站出站步行可达。

用餐安排 安排用餐。

住宿安排 不安排住宿。

阿基米德灵感之旅——霍博学院钱航游船研学活动

开展单位：杭州钱航游船有限公司、浙江霍博教育科技有限公司
研学类型：科技探索类
开展时间：定期开展
开展地点：杭州市滨江区水上旅游服务中心钱印 / 梦航号游船
活动时长：4 小时
费　　用：联系咨询
接 待 量：90 人
报名方式：0571-85120889，关注“钱塘江水上游”或“霍博学院”微信公众号报名

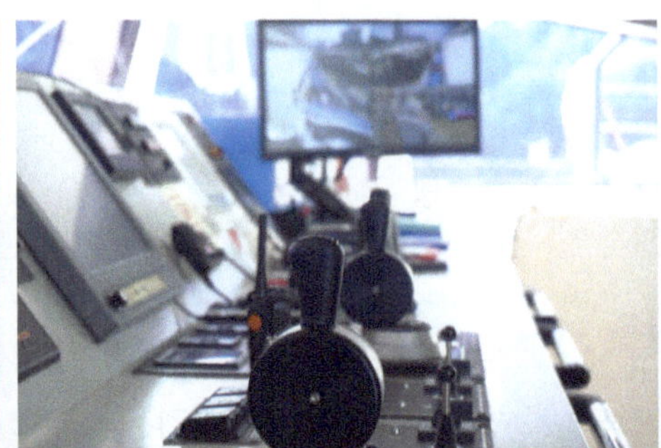

研学内容

研学任务 1. 学习救生衣使用及逃生方法。
2. 学习阿基米德定律，了解浮力知识。
3. 阿基米德定律实验。
4. 学习钱塘江人文历史景观。

研学安排 9:00—9:25 集合。
9:30—10:00 举行开营仪式。
10:00—10:30 开展钱塘江人文历史相关课程。
10:40—11:10 船体参观，救生衣、逃生讲解。
11:20—12:00 开展阿基米德定律相关课程及实验。
12:00—13:00 午餐、游船历史讲解。
13:00—13:30 总结展示汇报。

特色亮点 在霍博学院钱航游船科学俱乐部，可以与船长面对面，近距离探秘船长驾驶室，学习航行安全知识、救生衣穿戴。用敏锐的眼睛，探索不一样的钱塘江风光；用稚美的笔墨，描绘心中钱塘江的壮观；用探索的天性，科学演绎阿基米德定律。开启一段学、游结合的研学之旅。

注意事项 游览当日请提前 30 分钟前往滨江码头水上旅游服务中心换取船票。

交通食宿

交通情况 集合地点：滨江水上旅游服务中心。
自驾：停车场，信雅达国际 B 座停车场、低碳科技博物馆停车场、华联星光大道 2 期停车场。码头无停车位，请预留时间停车。
地铁：地铁 1 号线至江陵路站后转乘 138 路至低碳科技馆。
公交：96 路假日区间、138 路、304 路至低碳科技馆站，步行约 400 米到达。

用餐安排 安排用餐。

住宿安排 不安排住宿。

机智融合·领创未来——机器人小镇研学活动

开展单位：萧山机器人小镇博展中心
研学类型：科技探索类
开展时间：周一至周六 9:00—12:00
开展地点：杭州市萧山区桥南新城鸿兴路 389 号
活动时长：半天
费　　用：联系咨询
接 待 量：300 人
联系方式：0571-83738685（小镇参观预约）

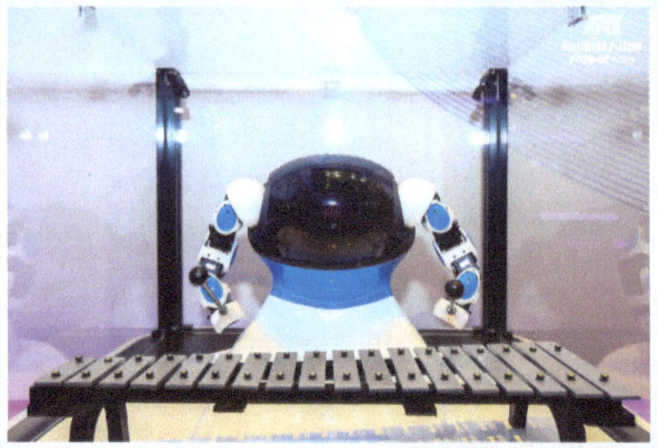

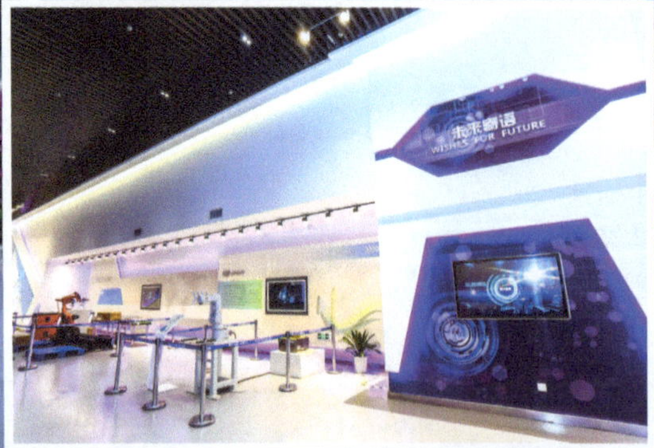

研学内容

研学任务 1. 观科技展馆・学会调研：PBL 探索式学习 40 余种机器人设备。
2. 听科技课堂・收获趣识：浙大博士团队亲自讲授科技课程。
3. 写研学报告・梳理知识：完成探索任务卡，记录学习过程与启发。
4. 做科技教具・强化技能：夯实科学知识，提升团队协作、动手实践的能力。
5. 比科技竞赛・升级体验：开展主题模拟竞赛，将本次科技活动推向高潮，展示学生研学成果。

研学安排 9:00 抵达萧山机器人小镇。
9:00—9:10 参观博览中心广场并合影。
9:10—10:00 通过专业讲解与互动体验，沉浸式体验 40 余种机器人，涵盖工业、教育、娱乐等行业。
10:00—12:00 开展机器人相关素质教育，课程分理论 + 实操两部分，可按需调整，课程师资均为浙大研究生 / 博士生团队。
12:00—13:00 午餐。

特色亮点 萧山机器人小镇博展中心硬件配套全国领先，拥有符合教育部要求的中小学教育实践基地，浙江大学团队深度合作打造科技研学精品课程；是浙江省第一家机器人专业展示体验中心，涵盖产业成果展示区、互动体验区、临展厅、报告厅、第二课堂等多种功能区；7×24 小时安检机器人、钢铁烈火英雄、毛笔字机器人等 40 余种机器人设备齐全。小到娱乐休闲、民生实用，大到医疗救护、产业智能，在这里可以看到机器人在生产生活中各个领域发挥着重大作用。
研学活动可以让同学们和世界上最先进的服务机器人对话，带上 VR 眼镜走进虚拟工厂，登上飞行模拟器体验飞行员的地面训练，在这里最大的特色是交互体验，近距离、全方位地感受新未来已到来。课程由理论 + 实践 + 竞赛三大环节组成，让学生能够在趣味中获得新奇有趣的科技知识。

注意事项 1. 机器人小镇博展中心周日闭馆。
2. 机器设备如需体验请在工作人员指导下进行。
3. 场馆为开放场馆，个人自行参观无讲解不收取任何费用。

交通食宿

交通情况 振宁路至小镇有微巴士专线；也可自驾（小镇内设停车场）。

用餐安排 不安排用餐。

住宿安排 不安排住宿。

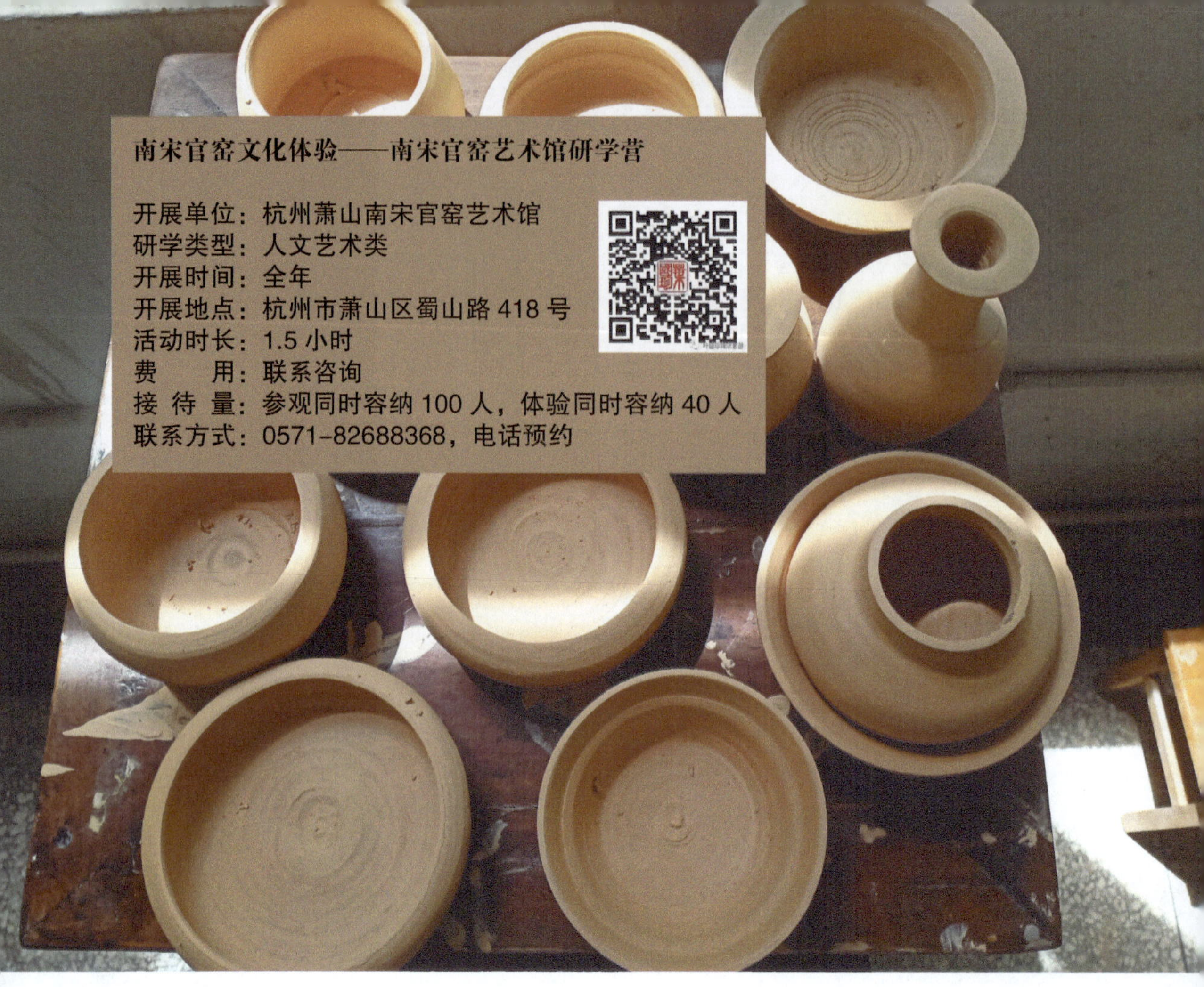

南宋官窑文化体验——南宋官窑艺术馆研学营

开展单位：杭州萧山南宋官窑艺术馆
研学类型：人文艺术类
开展时间：全年
开展地点：杭州市萧山区蜀山路 418 号
活动时长：1.5 小时
费　　用：联系咨询
接 待 量：参观同时容纳 100 人，体验同时容纳 40 人
联系方式：0571-82688368，电话预约

研学内容

研学任务
1. 参观学习浙江省非物质文化遗产保护项目——南宋官窑瓷制作技艺的历史、工艺、特色等知识。
2. 体验拉坯制作、盘筑、捏塑造型等制作技艺。
3. 深刻了解南宋历史、宋代美学和南宋官窑精湛烧造工艺，感受古代先民的智慧，弘扬与传承中国优秀的传统文化。

研学安排 上午场次 9:00—11:00；下午场次 14:00—16:00。
1. 注意事项说明（5 分钟）。
2. 随讲解员参观研学基地（模拟遗址—制作工具台—主展器型区—原料区—特色区—合影留念，约 30 分钟）。
3. 南宋官窑瓷制作技艺非遗体验（揉泥、拉坯制作、盘筑、捏塑造型等工序，还有新增的彩绘项目），可把半成品带回（约 60 分钟）。

特色亮点　杭州萧山南宋官窑艺术馆占地 5332 平方米，展馆面积近万平方米，科普南宋官窑恢复的历史，展陈制作工序、工具、制瓷原材料及八大仿南宋官窑青瓷系列作品。成立 16 年来，艺术馆受到社会公众的一致好评，2019 年获评“浙江省社会科学普及基地”称号，2020 年获评“浙江省华侨国际文化交流基地”称号，2021 年获评“杭州市中小学生研学旅行基地”称号，积极开展形式多样的社科普及系列活动，不断创新社科普及工作方式方法。

研学活动旨在让广大群众进行“科普 + 沉浸式体验”，学习南宋官窑的历史，欣赏精美的瓷器，并进行制瓷体验。让大家更深刻了解南宋历史、宋代美学和南宋官窑精湛烧造工艺，感受古代先民的智慧，弘扬与传承中国优秀的传统文化。

注意事项　严格按照疫情防控措施实施管理；不可携带食物、水等物品进入展区。

交通食宿

交通情况　公交：乘坐 773/774/729/722 等公交到朝晖初中站。

地铁：地铁 1 号线到湘湖站。

自驾：导航“萧山区蜀山路 418”或者“杭州萧山南宋官窑艺术馆”，自有车位 20 余个。

用餐安排　不安排用餐。

住宿安排　不安排住宿。

“三清飘香”茶体验之旅——九清农业研学活动

开展单位：杭州萧山九清农业开发有限公司
研学类型：户外自然类
开展时间：春季 5 月，秋季 9—10 月
开展地点：杭州市萧山区戴村镇沈村村三清茶厂及基地
活动时长：2 小时
费　　用：联系咨询
接 待 量：50 人
联系方式：13867131518

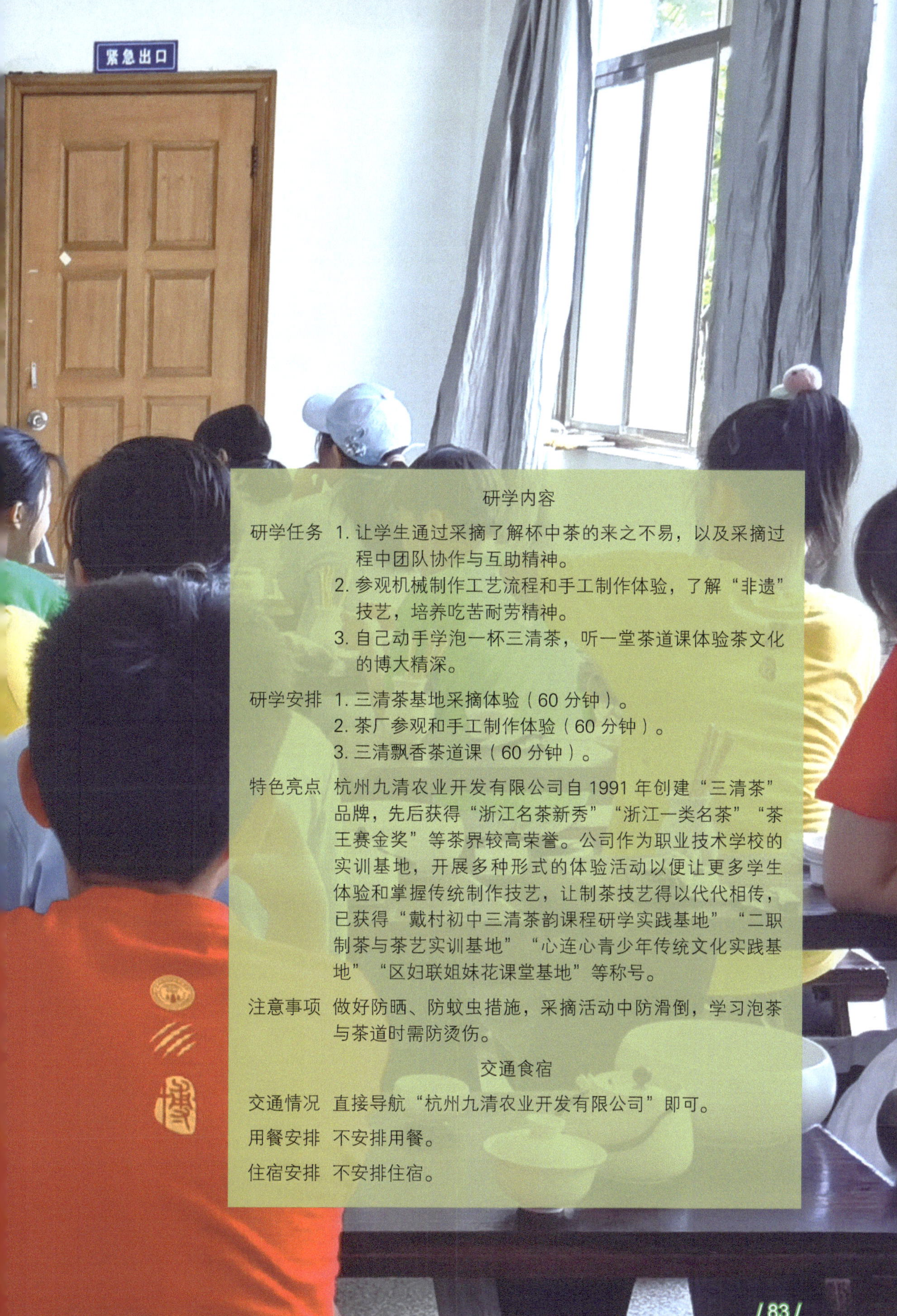

研学内容

研学任务 1. 让学生通过采摘了解杯中茶的来之不易，以及采摘过程中团队协作与互助精神。
2. 参观机械制作工艺流程和手工制作体验，了解“非遗”技艺，培养吃苦耐劳精神。
3. 自己动手学泡一杯三清茶，听一堂茶道课体验茶文化的博大精深。

研学安排 1. 三清茶基地采摘体验（60 分钟）。
2. 茶厂参观和手工制作体验（60 分钟）。
3. 三清飘香茶道课（60 分钟）。

特色亮点 杭州九清农业开发有限公司自 1991 年创建“三清茶”品牌，先后获得“浙江名茶新秀”“浙江一类名茶”“茶王赛金奖”等茶界较高荣誉。公司作为职业技术学校的实训基地，开展多种形式的体验活动以便让更多学生体验和掌握传统制作技艺，让制茶技艺得以代代相传，已获得“戴村初中三清茶韵课程研学实践基地”“二职制茶与茶艺实训基地”“心连心青少年传统文化实践基地”“区妇联姐妹花课堂基地”等称号。

注意事项 做好防晒、防蚊虫措施，采摘活动中防滑倒，学习泡茶与茶道时需防烫伤。

交通食宿

交通情况 直接导航“杭州九清农业开发有限公司”即可。

用餐安排 不安排用餐。

住宿安排 不安排住宿。

方位的辨识与表达——浙江测绘与地理信息科技博物馆研学活动

开展单位：浙江测绘与地理信息科技博物馆
研学类型：自然地理类
开展时间：7 月
开展地点：杭州市余杭区未来科技城地信路 2 号省信息化测绘创新基地
活动时长：4 小时
费　　用：免费
接 待 量：30 人
联系方式：邮箱 958142132@qq.com 或电话 0571-88052257

研学内容

研学任务 1. 学习地理方位知识，包括方位的表达与辨识。
2. 参与课堂教学、实验教学、游戏教学等项目。
3. 完成方位辨识实践活动，参与方位辨识游戏教学，提交课程体会。

研学安排 8:00—8:30 实践教学，通过阳光下竿影位置判断方位。
8:30—10:00 课堂教学，通过 PPT 授课讲学，科普方位知识，课堂互动，包括自制大头针指南针，认识地球仪等。
10:00—10:30 休息时间。
10:30—11:30 游戏教学，博物馆提供道具，学生根据方位知识寻找答案。
11:30—12:00 博物馆参观。

特色亮点 浙江测绘与地理信息科技博物馆坐落于杭州未来科技城，是全国首家面向公众免费开放的以“测绘与地理信息”为主题的科技博物馆。在这里不但可以了解测绘知识，还可以学到丰富的中国历史地理和国家版图知识，近距离了解早已渗透到生活方方面面的地理信息技术。
研学活动从学生角度出发，通过简单明了、通俗易懂的语言表达及实物演示传授方位知识，结合城市道路从日常出发形象生动讲述方位命名缘由，贴近生活、实用度高且易于接受。通过活动，学生掌握了基础方位知识，提高了方位辨别能力，增加了生存技能。

注意事项 因游戏教学环节设在户外，活动学生需自行做好防晒措施，带好防暑用品，不得随意走动、孤身前往地下停车场等地。

交通食宿

交通情况 自行前往。

用餐安排 不安排用餐。

住宿安排 不安排住宿。

一起当个"小农人"——虫出没研学乐园研学活动

开展单位：虫出没研学乐园
研学类型：户外自然类
开展时间：全年
开展地点：杭州市余杭区瓶窑镇塘埠村
活动时长：1 天
费　　用：联系咨询
接 待 量：300 人
联系方式：17366648360（微信同号）

研学内容	
研学任务	1. 了解昆虫的有关知识，理解昆虫与植物及人类的关系，加强学生对昆虫的基础认识，提高学生们对大自然的探索欲望。 2. 完成一颗种子的种植流程，并带回家观察后续生长过程并记录。 3. 通过互动集体游戏，训练学生的反应协调能力及团队配合精神。
研学安排	1. 跟着蚂小蚁老师游学昆虫科普园，有带队老师讲解，园内布置有各种昆虫模型及昆虫生活场景。入口有甲虫班体育委员独角仙及高大魁梧的蝗虫校长，拍手点头欢迎大家。接着走访“蚂小蚁的家”昆虫标本室，冒险进入“昆虫石炭纪”，然后进入“活体昆虫生活馆”和“昆虫学校”等诸多生动有趣的昆虫场景，图文知识沉浸式渗透，真正做到在快乐的游玩中学习知识。 2. 团队活动，蜘蛛捕虫、毛毛虫竞跑等互动团建。 3. 研学课程（选其一）：种子的秘密、自然相框、昆虫养殖。 4. 劳作体验（选其一）：种植插扦、采摘（根据季节变化）。 5. 项目活动：少儿感统拓展营地，丛林穿越、手摇小船、萌宠文化园等。
特色亮点	虫出没研学乐园位于余杭瓶窑塘埠村，地处一独立山谷，环境清幽，安全无干扰。园内有诸多有深度、有趣味的昆虫主题场景，有专业的研学课程板块，如昆虫与自然板块、学农耕读板块、非遗研学板块等；设有专门为少年儿童打造的拓展游乐园区。交通便利，杭州市中心 1 小时以内车程。
注意事项	由于地处自然环境，需适当防蚊虫。园内大部分为户外场地，注意防雨。更适合小学中低年级、幼儿园小朋友游玩。
交通食宿	
交通情况	跟杭州市中心 40 公里，杭州二绕高速瓶窑西出口 1000 米。公交 K588 到彭公转小公交可达。
用餐安排	可安排用餐。
住宿安排	不安排住宿。

生命教育、观察探秘——酷嗒萌宠饲养研学活动

开展单位：杭州酷嗒文化发展有限公司
研学类型：科技探索类
开展时间：周末及节假日
开展地点：杭州市余杭区五常大道 153 号乐天城 F3
活动时长：7 小时
费　　用：联系咨询
接 待 量：80 人
联系方式：0571-88572366，电话预约

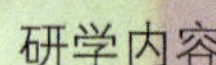

研学内容

研学任务

1. 走进自然，探究神奇物种，了解不同环境下动物拥有的不同生存习性及特征。
2. 亲近动物，认知生命，了解生命。
3. 独立自主，在研学活动中，老师会提出各种难题，并不断引导孩子独立思考，解决难题。
4. 团队协作，通过协作活动，锻炼孩子沟通协调和自我表达能力。
5. 扮演饲养员，为动物准备食物，并进行喂养工作，喂养完成后还会进行动物护理工作等，拉近学员与动物的距离，了解饲养员工作的不易。

研学安排

10:00 集合签到，听从领队老师讲解当日活动注意事项，并建立团队。
10:30—11:30 入园，跟随讲解老师探秘动物园，了解动物园内动物的种类及习性。
11:30—12:30 午餐饭后休息。
12:30—13:30 团队 PK 活动 + 团队任务，完成动物园的探秘任务。
14:00—15:00 启动小小饲养员任务，给小动物准备餐点，喂养小动物。
15:30—16:00 团队协作任务活动，开展动物护理课堂。

特色亮点

cutezoo 动物文化乐园是一家以动物文化为主题的室内乐园，面积 3000 平方米。根据乐园内部仿真自然环境，分为热带雨林、深海探秘、稀树草原、广漠撒哈拉四大板块，小小世界、精灵森林、彩羽之林、锦绣龙门等八大区域。研学活动由专业老师带队，全程跟拍服务，有丰富的动物品种。

园内 4 个疏散通道，每个区域配备一个安全引导员，预防突发情况。每个区域配备洗手台、洗手液、空气净化器、排风系统，确保园内卫生整洁，不定时消毒清洗以确保场馆的卫生安全。

注意事项 1. 家长早上 9:30—10:00 送孩子至 cutezoo 动物园入口处，将孩子交接至领队老师处，并于当天 16:00 至 cutezoo 动物园出口处接孩子回家。

2. 为了培养孩子独立自主的能力，敬请家长们不要随行陪同。

3. 学员穿 cutezoo 动物园定制的专用衣参加研学活动。

4. 学员请携带水杯。

5. 学员禁止携带金银首饰、iPad 等贵重物品，以及游戏机、管制刀具、漫画书等物品，无须携带现金。

6. 所有学员均须亮码、测温、戴口罩方可参加活动，若其中一方数据异常，或孩子咳嗽严重，活动方有权劝退。

7. 在研学活动期间，要有集体观念，统一行动，互相帮助，要跟随在老师身边，不得随意独自离开。

交通食宿

交通情况 建议自驾前往，园区内有室内外停车场，5 小时内免费停车。

用餐安排 安排用餐。

住宿安排 不安排住宿。

赏樱园春色，创美好家园——杭州樱花园研学活动

开展单位：杭州浪漫樱花谷
研学类型：户外自然类、体能活动类
开展时间：2—10 月
开展地点：杭州市余杭区樱花园（201 省道南）
活动时长：2 ～ 8 小时
费　　用：联系咨询
接 待 量：2000 人
报名方式：关注“杭州樱花园”微信公众号报名

研学内容

研学任务	1. 了解樱花园基地建设发展情况，樱花销路如何，带动周边农民增收致富有哪些新途径。 2. 参加画笔绘樱花园、相机摄樱花园、诗歌颂樱花园活动。 3. 参加净化樱花园的爱绿、护绿活动，增强学生的环保意识。 4. 观察生活，参加樱花园行征文活动和我为政府谏言活动。
研学安排	1. 高一年级安排书香励志之旅、文化之旅、敬老感恩之旅。 2. 高二年级安排志愿环保之旅、文化之旅、工业之旅。 3. 高三年级安排职业生涯之旅、民主法治之旅，法院听审、戒毒所、走访区职能部门。

特色亮点　杭州浪漫樱花谷位于余杭区瓶窑镇塘埠村，以花为媒引来了大批的游客，发扬优秀樱文化，教育和引导学生了解家乡、热爱家乡、建设家乡。

研学活动通过集体旅行、集中食宿的方式走出校园，亲近自然、走进社会、走访社区，感受不同的风土人情、人文历史、社会变迁，研学并举，知行合一，在此过程中提高学习兴趣，拓展视野、丰富知识，增强公德意识。

注意事项　在规定地点活动，不远离，不单独行动，严禁到危险地域。

交通食宿

交通情况　导航浪漫樱花谷，地处瓶窑西高速出口。

用餐安排　安排用餐。

住宿安排　不安排住宿。

品民俗迎端午，包粽子制香囊——福山家庭农场研学活动

开展单位：福山家庭农场
研学类型：人文艺术类
开展时间：5—8 月
开展地点：杭州市余杭区瓶窑镇福山家庭农场研学教室
活动时长：2.5 小时
费　　用：联系咨询
接 待 量：80 人
联系方式：13071881891、18868777994

研学内容

研学任务 1. 通过认识粽叶、包粽子，了解端午的由来、端午粽的制作过程，进一步深刻了解端午节。

2. 端午期间园区的大观水蜜桃可供采摘，通过采摘水蜜桃，普及种植、维护、采收等一系列的农耕知识。

3. 结合学科教学内容和区域特色，真正做到在“游中有所学，行中有所思”。

研学安排 9:00 到达园区，休息准备安排活动。

9:30 组队前往园区认识新鲜的粽叶（或者认识园区内的桃树、桃树的种植及维护，以及桃果的生长周期）。

10:00 回到研学教室开始讲述端午典故包粽子的由来，开始动手制作，等待成品。

11:30 结束包粽子活动。

11:40—13:00 就餐及休息，期间可以在园区内参观喂养小动物，自由游玩。

13:30 回到研学教室讲述香袋的典故、制作方式及佩戴，并且开始制作，等待成品。

14:30 结束制作香囊的活动。

特色亮点 福山家庭农场位于窑北村山茅坞，农场内大面积种植水蜜桃、蜜梨、樱桃、油桃、桃形李、黄桃、脆桃等多种桃果，还有特色“桃花鸡”、土鸡、土鸡蛋等本地天然农副产品，集采摘、美食、团建等多种活动功能于一体。研学活动提炼了传统文化精髓，学生们可以通过自己的研究学习了解并传承传统文化精髓，在活动中学习，在活动中成长。

注意事项 服从工作人员及带队老师的统一指挥，不得擅自行动。

交通食宿

交通情况 可安排大巴接送。

用餐安排 安排用餐。

住宿安排 不安排住宿。

研学内容

研学任务 1. 工业园参观，了解九阳的四大厨房，打卡网红星空馆与智能制造生产线。
2. 食育小课堂，学习科学健康的饮食营养知识。
3. 古法豆浆体验，学习古法豆浆制作方法，并自主完成 300 毫升手磨豆浆制作。
4. 开放式智慧厨房体验，用全自动不用手洗的豆浆机制作豆浆并品尝，感受现代科技与传统文化的碰撞。
5. 完成清洁任务与作业单。

研学安排 1. 九阳工业园参观（20 分钟）。家庭厨房、智能太空厨房（网红星空馆）、乡村振兴厨房、萌潮厨房，打卡机器人生产线，感受智能制造对工业生产带来的巨大改变。

2. 食育小课堂（40 分钟）。了解豆浆起源的小故事，追溯大豆饮食文化，学习豆类营养知识，了解其营养优势与食用注意事项，学习食物三色分类法。

3. 古法豆浆体验（40 分钟）。学习古法豆浆的全流程制作方法；独立完成自主制作 300 毫升古法豆浆制作；观看过滤、熬煮的过程，品尝醇香原磨豆浆。

4. 开放式厨房体验（20 分钟）。用全自动不用手洗的豆浆机产品制作花式豆浆法，体验科技进步为生活带来的便捷。

5. 掌握厨房家务劳动的方式，进行清洁劳动体验。

6. 课程回顾与分享，颁发奖状，合影留念。

特色亮点 九阳园区主张把健康饮食融入园区环境中，设置了以九阳企业文化展区参观—产品展区参观—智造工场考察—创意剧场为基础的研学活动，以场地、产品、服务和人才资源优势为基础，结合电子屏以图文、视频形式诠释知识，并开展品类多样、精彩纷呈的互动体验项目。

基地秉承深度体验、食育教育、快乐动手、有所收获的理念运营，受到了广大中小学生和家长的认可和欢迎。研学项目包含厨房剧场美食烹饪体验课体验（全年龄适宜的中式烹饪和西式烘焙课程）、食育研学教育课程（小学、初中学生适用）、科技研学课程（高中、大学学生适用）等。自 2016 年创办以来，多次举办少先队专题活动、假日小队活动、假期亲子游、主题节日研学游等活动，服务少先队员超过 25 000 余位。

注意事项 全程请遵守教学师的指导，妥善使用各类物品电器，注意安全。智造工厂环节参观仅限工作日 9:00—17:00；周末不开放。

交通食宿

交通情况 地铁 1 号线文泽路站下，公交 3117 路银海街长空路口站下车，步行 20 米直达。

用餐安排 可安排用餐。

住宿安排 可安排住宿。

从“一颗种子”到“一碗面”——康师傅研学活动

开展单位：杭州味来馆
研学类型：工业类、食品教育类
开展时间：周一到周六 9:00—17:00
开展地点：杭州市钱塘区银海街 555 号
活动时长：1.5 小时
费　　用：免费
接 待 量：160 人
联系方式：0571-56230066

研学内容

研学任务 1. 学习中华美食文化的生活方式和意义。
2. 了解康师傅企业理念和历史。
3. 了解方便面的食安和创新。
4. 亲手 DIY 一份属于自己的独一无二方便面。

研学安排 1. 从大厅集合，通过一段沉浸式视频，了解康师傅的企业理念和历史，以及销售量等可视化数据。
2. 进入走廊，利用全息技术，了解康师傅对中华美味文化传承的理念，以及美味面条的历史和文化多样性。
3. 来到国潮风的小剧场，通过观看视频和人员互动，了解康师傅在对方便面美味健康营养安全这些问题的执着。
4. 坐小火车来道透明工厂参观走廊，从原材料和溯源开始深入了解康师傅方便面的美味和安全的秘密。
5. 来到国潮全景沉浸式街市，了解到各个地域文化和多元口味，以及对美味的历史传承。
6. 来到美味餐厅，亲手制作一份属于自己的独一无二方便面。

特色亮点 自 1992 年第一包方便面在工厂下线，经过 26 年的努力，康师傅成为横跨方便面、饮料、休闲食品等领域的龙头企业。康师傅以“航天品质”作为研发标准，强化食安体系建设，将企业社会责任一件件落实到行动中，与消费者共享美好生活。多年来，康师傅一直面向社会开展“透明工厂”活动，研学活动也是其中一个重要项目，通过开放工厂参观、实践，向大家科普食品安全基本知识等。目前康师傅已在天津、杭州建成 3 个食安科普教育基地，成为大众了解食品安全相关知识的重要窗口。

注意事项 入园需佩戴口罩；谢绝宠物入内；参观走廊谢绝拍照；全程禁止吸烟；园区停车位紧张，建议绿色出行。

交通食宿

交通情况 距离杭州市 1 号线文泽路站 4.3 公里，13 分钟车程。

用餐安排 不安排用餐。

住宿安排 不安排住宿。

牛奶的那些秘密——味全冷藏奥秘研学活动

开展单位：杭州味全食品有限公司
研学类型：工业类、食品教育类
开展时间：周一到周六（节假日除外）
开展地点：杭州市钱塘区银海街 468 号
活动时长：1 小时
费　　用：免费
接 待 量：20 ～ 50 人
联系方式：0571-28833979

研学内容

研学任务 1. 通过参观，学习全自动生产线、信息化系统生产环节等知识。
2. 了解味全的透明生产和品质把控体系。
3. 了解食品产品质量检测把关相关知识。

研学安排 1. 观看生产线和儿童版味全成长故事，了解味全产品的生产制作流程、乳酸菌的保存方式、乳酸菌的作用，并能完成提问。
2. 利用味全乳酸菌空瓶和纸黏土制作各种样式的模型，举例生活中可回收物品的循环利用方式。

特色亮点 杭州味全食品有限公司专门在厂区内开辟出了近 1500 平方米的空间，用于与大家的面对面交流与沟通。场馆整体设计别具匠心，改变传统工厂的严肃印象。透明工厂可以让大家俯瞰生产全流程，并安排品牌馆、小剧场等活动，为大家开设一堂别开生面的“味全课堂”。

研学活动旨在初步建立青少年健康饮食的生活态度，增强环境保护、循环利用的意识和能力，通过参观体验，置身食品海洋，学习新知识，开阔眼界，达到寓教于乐的效果。

注意事项 严格按照疫情防控措施实施管理；入园需佩戴口罩；全程禁止吸烟。

交通食宿

交通情况 杭州五大主城区大巴车免费接送。

用餐安排 不安排用餐。

住宿安排 不安排住宿。

垃圾分类，环保酵素——富阳原素生态农业研学活动

开展单位：杭州富阳原素生态农业开发有限公司
研学类型：科技探索类、户外自然类
开展时间：全年
开展地点：杭州市富阳区吉庆青创农场
活动时长：1 天
费　　用：联系咨询
接 待 量：20 ～ 300 人
联系方式：13868096974（微信同号）

	研学内容
研学任务	1. 学习农业知识。 2. 学习垃圾分类，播放垃圾分类小视频，进行小卡片垃圾分类互动。 3. 学习制作环保酵素。
研学安排	8:50—10:50 学生集合后，带队老师将进行农耕项目总体介绍，讲解农耕知识，让学生认识农具，了解如何安全使用农具。随后将进行农作物生长知识讲解、农耕动作演示，带领学生实践体验农耕事项。 10:45—12:50 前往农户课堂土灶体验区，处理至少 4 道菜的菜品并进行烹饪。用餐后完成整理与垃圾分类。午休时间将安排农人讲述乡村往事，展示学生才艺特长。 12:50—14:30 前往吉庆青创农场手艺课堂，学习垃圾分类知识并制作酵素，最后合影留念。

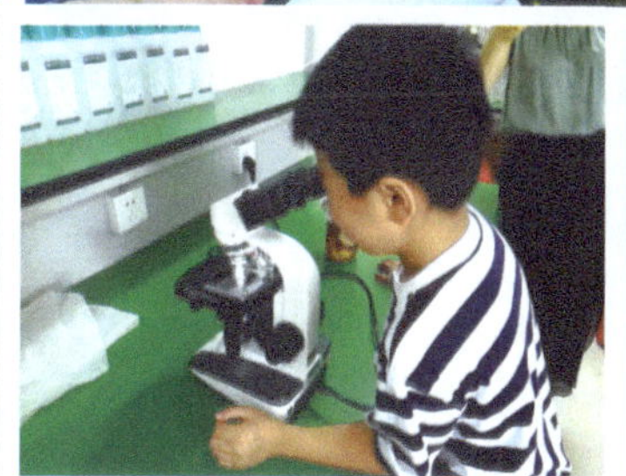

特色亮点　富阳原素生态农业开发有限公司（吉庆青创农场）位于杭州市富阳区常安镇沧州村，创立于 2015 年，集生态农业、科普教育、农事体验、DIY 创意体验于一体，主推生态环保、科技农业和亲子教育。曾荣获浙江省五星级青创农场、杭州市中小学生研学旅行基地、杭州市科普教育基地、杭州市百场公益夏令营活动基地等荣誉称号，基地种植的“清香”梨曾荣获杭州市金奖。

注意事项　农业工具听从讲解人员使用，不可随意玩耍；土灶体验提供食材，注意菜刀、柴火的使用方式；注意户外蚊虫叮咬，如有割破或者摔跤、烫伤备有紧急医用备用箱。

交通食宿

交通情况　建议导航“富阳吉庆青创农场”驾车前往。

用餐安排　可安排用餐。

住宿安排　露营（或距镇 1 公里有宾馆）。

探索源头水奥秘——太湖源水文化研学活动

开展单位：太湖源景区
研学类型：户外自然类
开展时间：全年
开展地点：杭州市临安区白沙村
活动时长：4.5 小时
费　　用：联系咨询
接 待 量：300 人
联系方式：0571-63739100

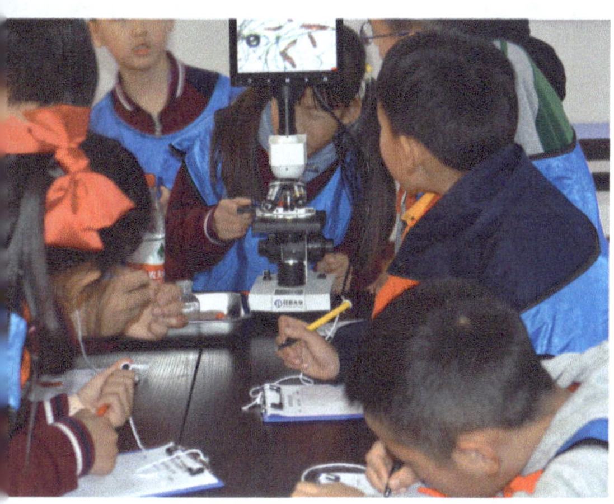

研学内容

研学任务 1. 野外求生学习。
2. 水源知识区块解读。
3. 水中微生物观察。
4. 研学手册自然笔记记录。

研学安排 9:00—9:45 研学开营授旗仪式。
9:45—10:30 研学实验室微生物观察。
10:30—11:20 团队建设游戏。
11:20—12:30 中餐。
12:30—13:15 观赏森林演艺。
13:15—14:00 野外生存训练。
14:00—14:20 白沙村三生共赢馆参观学习。
14:20—14:40 颁发研学徽章，返程。

特色亮点 太湖源位于临安天目山南麓，顾名思义是太湖的源头。这里有纯净的山涧、溪水，以清凉著称。
研学活动聚焦水源保护，丰富学生的自然科学知识，提升学生户外生存的认知，培养学生敬畏自然的态度；培养保护生态环境的理念，提升学生的专注力、观察力、创造力；提升团队的凝聚力和协调力。

注意事项 为确保此次活动的安全顺利，活动前景区将召开研学接待动员会，有针对性地对参加人员进行活动安全教育。

交通食宿

交通情况 建议自驾前往。

用餐安排 不安排用餐。

住宿安排 不安排住宿。

研学内容

研学任务	1. 了解长征的背景和历史事件，学习为什么要长征，长征路上有哪些主要历史事件，解放军经历了哪些艰难和困苦。 2. 传承红色基因，体验红军生活，穿一次红军服，唱一首红军歌，爬一次“大雪山”，吃一顿红军餐，走一遍长征路，炼一番红军魂。 3. 磨炼意志，传承“大无畏”精神。
研学安排	9:00—9:30 到达风之谷“革命根据地”，举行开营仪式。 9:30—11:00 开启“长征之路”，依次经历“瑞金出发”“血战湘江”“遵义会议”“四渡赤水”等 12 个长征重要节点模拟游戏。 11:00—11:30 胜利抵达“根据地”。 11:30—13:00 午餐及午休。 13:00—15:00 自由活动。
特色亮点	风之谷户外乐园拥有 2382.63 亩草甸，绵延的丘陵、远处的森山、宽阔的河流，散布着绵羊牧场、新滑板车、山地越野、热气球、桨板、峡谷探险等颇具挑战而时尚的户外运动项目。园区配套国际营地、轻奢露营、森林冷餐宴、住宿等设施。研学课程以红色文化为主题，基于风之谷设计的越野挑战赛道，将越野闯关与长征重大历史节点相结合，穿上红军服、戴上红军帽，通过沉浸式体验法学习红色文化，观看长征相关影片，亲身体验长征的艰辛，增强长征的“大无畏”精神，牢记革命先烈精神和优良传统，增强责任感和使命感，催发少年树立正确三观。
注意事项	严格按照疫情防控措施实施管理。

交通食宿

交通情况	距离昌化高速口近 10 分钟车程，交通便利，园区配有大型停车场，可同时容纳 1000 辆车辆。
用餐安排	营地配有专属餐厅，可同时容纳 300 人就餐。
住宿安排	风之谷自然学校建设有 296 个床位，8 人一间，独立卫生间，同时配备 12 间教室。

小红军，新长征——风之谷户外乐园研学活动

开展单位：风之谷户外乐园
研学类型：红色教育类
开展时间：全年定期开展
开展地点：杭州市临安区昌化镇双塔村
活动时长：1 天
费　　用：联系咨询
接 待 量：1000 人
联系方式：0571-88039527
其他研学活动：全年定期开展“少年先锋荒野生存活动”和“丛林秘境自然探索”等一日研学活动，结合荒野自然资源，设计户外的运动，探寻植物与昆虫，学习野外生存技能，制作昆虫琥珀，可电话咨询。

爱国与航空科技——大川航空爱国教育基地研学活动

开展单位：杭州大川航空爱国教育基地
研学类型：科技探索类
开展时间：全年
开展地点：杭州市建德市机场路 168 号千岛湖通用机场
活动时长：3 天
费　　用：联系咨询
接 待 量：400 人
联系方式：13336127311
其他研学活动：全年还开展 1 ～ 2 日的短期研学活动，学习航空知识，近距离接触航空设备，可电话咨询。

研学内容

研学任务 1. 学习安全知识，保证自身的安全最为重要。
2. 学习航空当中关于空管、飞行员等职业素养，在专业飞行模拟器学习驾驶飞机。
3. 每人扮演一名飞行人员合力演出一场话剧，学习包括空乘在内的航空人员的工作内容，亲自体验航空人员的辛勤劳动。
4. 学习飞行的历史，了解包括飞行原理、空速“节”的由来等知识，深刻体会航空的发展历程。
5. 自己动手做飞机模型，培养动手能力、发现并解决问题的能力。

研学安排 第一天：上午召开入住、开营仪式，进行辅助课程——基础安全教育；午餐及午休后进行航空培训中心核心课程；晚餐后进行航空剧场核心课程，后熄灯就寝。
第二天：早餐后进行航空职业实践核心课程；午餐及午休后进行航空历史文化工坊核心课程，以及极限飞盘辅助课程；晚餐后进行电影之夜辅助课程，后熄灯就寝。
第三天：早餐后进行航天实践核心课程；午餐及午休后召开结营仪式并返程。

特色亮点 大川航空爱国教育基地位于千岛湖通用机场内，基地以航空教育为主题，爱国主义教育为特色，先后被评为杭州市级、浙江省级航空研学基地。
基地拥有自主研发的 30 多门航空研学课程，配套专业的空管塔台教学模拟设备、飞行模拟机设备。学生可以近距离接触航空，观看飞机起降、高空跳伞、走进飞机生产线观看飞机生产制造。

注意事项 如有回族无法单独供餐。

交通食宿

交通情况 包含交通车费。

用餐安排 安排用餐。

住宿安排 安排住宿。

寻源千岛湖——农夫山泉建德工业旅游基地研学活动

开展单位：农夫山泉建德工业旅游基地
研学类型：工业类
开展时间：全年
开展地点：杭州市建德市朱家埠白小线东
活动时长：3 小时
费　　用：联系咨询
接 待 量：200 人
联系方式：0571-58318801，电话预约

研学内容

研学任务　参观学习饮用水生产工艺流程，见证一瓶水的诞生。

研学安排　9:30—10:00 举行开营仪式。

10:00—11:00 现代工业参观，参观工厂，探索自动化、工业化生产实践。

11:00—11:30 开展科学小实验（水测试），分组实践进行科学实验与探索。

11:30—12:30 创客设计，根据学习内容，展示研学成果，并颁发结业证书。

12:30—13:30 在农夫山泉工厂食堂用餐（费用自理）。

特色亮点　农夫山泉新安江工业旅游基地位于新安江畔，距新安江水力发电站一步之遥。全透明玻璃参观走廊中心向研学者开放，可了解原水进入水处理车间后经过微滤、纳滤、炭滤、精滤、UV灯杀菌、超滤、UV 灯杀菌、无菌过滤器、文丘里系统等一整套物理方法处理，以及吹瓶、灌装、封盖、贴标、包装、码垛、缠膜等工序，见证优质天然水源变成瓶装农夫山泉的全过程。

注意事项　研学过程中需守秩序、讲文明，不随意触碰展品、宣传板、玻璃等易危陈设，不得走入非参观体验区域。

交通食宿

交通情况　建议自驾前往。

用餐安排　不安排用餐。

住宿安排　不安排住宿。

蜜蜂王国——蜂之语蜂业研学活动

开展单位：浙江蜂之语蜂业集团有限公司
研学类型：户外自然类、工业类
开展时间：全年
开展地点：杭州市桐庐县城乔林路 898 号
活动时长：2 ~ 4 小时
费　　用：联系咨询
接 待 量：300 人
联系方式：0571-64222267

研学内容

研学任务 1. 通过参观国家级实验室（检测中心）了解产品质量如何把控。
2. 参观生态养蜂场，观察蜜蜂，了解蜜蜂的生活习性及各种蜂产品的来源。
3. 通过参观生产车间，了解产品生产流程和工艺。
4. 通过图版和视频，了解蜜蜂文化。

研学安排 9:00—9:10 蜂之语报到，介绍园区行程及宣布注意事项等。

9:10—9:25 参观行业内受认可的国家级实验室，了解各种检测仪器和设备，了解公司如何把控产品质量，以及检测的各种项目和标准。

9:25—10:00 通过真实场景（望蜂坡 – 生态养蜂场）了解我国的各种蜜源植物，零距离观察蜜蜂，了解蜜蜂的生活、工作，了解蜂王、雄蜂、工蜂在群体中如何分工合作，了解蜜蜂如何采花酿蜜，学习蜜蜂团结合作、勤劳勇敢的精神，体会与蜂共舞的感觉。

10:00—10:25 通过参观生产车间，了解车间的生产流程，如何通过体系管理，把控每个生产环节和产品质量。

10:25—11:00 通过对生态园的参观游览及图版介绍，了解蜜蜂的种类和发展历史，以及蜂产品对人类健康的作用。

11:00—11:40 蜂之乐：免费品尝原汁原味的蜂巢蜜，并且可以 DIY，动手制作蜂蜡蜡烛、蜂胶美容皂等。

11:40 蜂之语餐厅用餐。

12:30 用餐后结束行程，或根据需求安排教室观看蜜蜂科普教育宣传片（蜜蜂是如何采集花粉、蜂胶、酿造蜂蜜，如何传递信息等）。

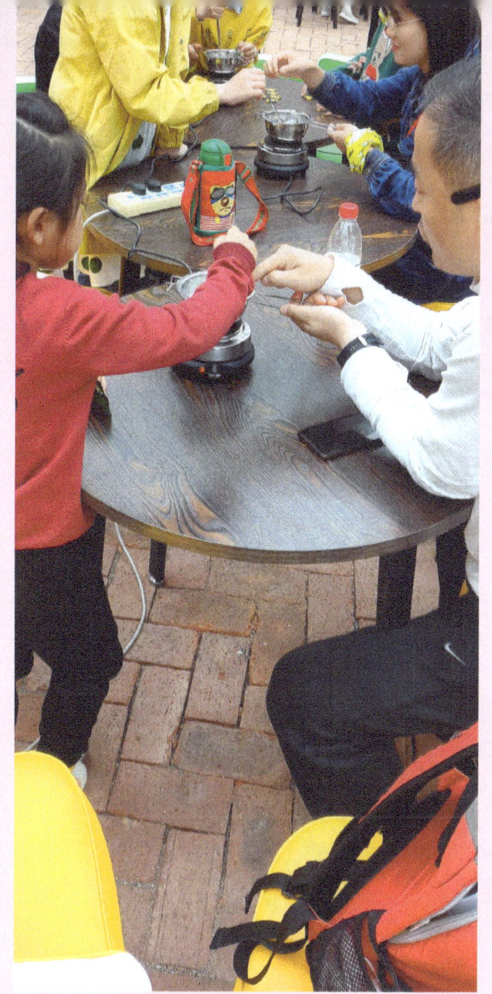

特色亮点　蜂之语蜜蜂王国，地处风景秀丽的富春江畔，毗邻瑶琳仙境、千岛湖等国家级风景名胜区，交通十分便利，是一个以参观游览、休闲、趣味、餐饮、购物为主的，农业、科技相结合的科技园。

研学活动通过零距离观察蜜蜂，了解蜜蜂生活、工作情况，学习蜜蜂团结、勤劳、勇敢、无私、奉献的蜜蜂精神，通过 DIY 手工制作，培养动手能力，获得成就感。

注意事项　服从工作人员安排，观察蜜蜂时注意秩序，戴好防护帽。

交通食宿

交通情况　距离高铁站约 8 分钟车程，杭新景高速桐庐出口下约 3 分钟车程，距离桐庐长途汽车站 1 公里。

用餐安排　安排用餐。

住宿安排　不安排住宿。

凤溪玫瑰，植物诗画——翙岭凤溪实践教育基地研学活动

开展单位：翙岭凤溪实践教育基地
研学类型：户外自然类
开展时间：全年
开展地点：杭州市桐庐县凤溪玫瑰小镇
活动时长：1 天
费　　用：联系咨询
接 待 量：500 人
联系方式：15824446012

研学内容

研学任务 1. 不拘泥于课本和理论，走出教室亲近自然、开阔视野，丰富和学习植物学知识。

2. 培养热爱生态与绿色生活意识，学会与自然共生。在与自然植物的互动中，转变学习方式，提升创新意识与实践能力，激发艺术潜能。

研学安排 抵达前一天召开行前会议，进行研学准备，了解基地基本信息，知晓本次研学活动的主要目的及安全须知，领取研学手册，了解活动任务及需要携带的文具等物品。

7:00—8:00 抵达营地进行破冰分组，组建研学小分队，确认队名与队长。

9:00—10:00 形色探寻，每队选择一块区域，由助教老师带领学生闭着眼睛触摸植物，并把摸到的植物采摘下来进行形色观察（至少 10 种植物），在手册上记录触摸植物的真实感受及植物的形、色、味等。

10:00—11:30 队内把找到的植物在桌上排列并进行分类，归纳大家都找到的植物及别人有自己没有的植物，通过观察他人找到的植物，寻找该植物，核对找到的植物，并进行小组交流，辨识植物名称。

11:30—13:30 香草厨房内有序领取一份田园套餐，餐后根据时令加入有趣的烤红薯、烤玉米的野炊行列，或制作香草花茶等，让午餐更具田园特色。

13:30—15:00 植物拓印，根据上午对植物的观察与学习，在园区内采摘自己喜欢的花植，根据自身的艺术审美，用不同的花植进行组合摆放，在白布上呈现你想要的艺术画，通过锤子的敲打，物理提取植物的天然色素，印染上脉络清晰的树叶纹理，完成一幅自然艺术作品。

15:00—15:30 作品展示创意阐述。

15:30 结束课程，返回学校，回校进行研学手册的完善和总结。

特色亮点 翙岭凤溪实践教育基地植物种类繁多，共种植有 670 多种植物，步入园区内，随处可见的“立体花草植物图谱”是最好的植物学教程，加之溪流、青山及自然艺术景观设计，就好似将“富春山居图”搬进了玫瑰园。

研学活动从自然科学领域范畴出发，让学生们通过具身认知（不依赖概念而直接从多感官获得信息，并直接地创造出知识的认知方式）了解植物的生成形态种植过程。

注意事项 每位学生都会收到一本研学手册，请严格按照手册上的相关规定执行。

交通食宿

交通情况 基地离高速出口 2 公里，安排旅游公司大巴接送。

用餐安排 安排用餐。

住宿安排 不安排住宿。

制笔小工匠——妙笔智慧乐园研学活动

开展单位：妙笔智慧乐园
研学类型：科技探索类、工业类
开展时间：2 月 1—28 日，7 月 1 日—9 月 1 日
开展地点：杭州市桐庐县分水妙笔小镇
活动时长：1 天
费　　用：联系咨询
接 待 量：100 人
报名方式：13185001688

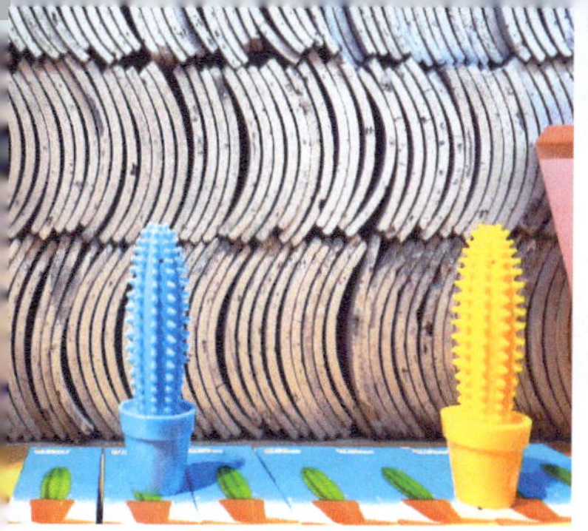

研学内容

研学任务 1. 妙笔书法体验。
2. 神笔马良 3D 立体绘画动漫体验。
3. 传承工匠精神，体验工匠制笔文化。
4. 了解蜜蜂产业文化。
5. 体验制作蜂蜜养生茶。
6. 学习习总书记“16 字指导方针”，了解基层党建如何引领产业发展。

研学安排 8:00—10:00 大巴接同学到妙笔智慧乐园。
10:00—10:15 宣讲精神及安全培训。
10:15—10:40 妙笔书法体验，了解一支笔的前世今生，通过现代技术和软笔结合进行书写体验。
10:40—11:15 神笔马良 3D 立体绘画动漫体验，神笔马良的故事家喻户晓，马良的神笔就在同学手中，拿起笔画出世界，3D 立体下展示笔下灵动的精彩世界。
11:15—11:50 制笔体验，跟着桐庐工匠，亲手制作一支独一无二的笔。
11:50—12:40 营养午餐，有机蔬菜加有机蜂蜜水。
12:40—13:30 午休，同学们可以在蜜蜂小房子中小憩，观看蜜蜂纪录片。
13:30—14:3 参观蜜蜂小镇科普展馆，探索自然世界的奥秘，走进蜜蜂的世界，学习蜜蜂精神。
14:30—15:00 蜂蜜养生茶制作，学着制作一杯蜂蜜养生茶，把爱带给父母。
15:00—15:30 同学们凭借自己的出色表现获得小礼品一份（精致礼品笔）并合影留念。
15:30—17:00 乘坐大巴车返程。

特色亮点 妙笔智慧乐园是桐庐县范围内最大的室内研学基地，一楼制笔馆和三楼蜜蜂馆合计面积 5000 平方米左右，也是桐庐县唯一一家“杭州市劳模工匠之家”，获得全国首家笔文化工业旅游景区——浙江省工业旅游示范基地称号。
拥有神笔马良高科技智慧体验区，画什么活什么；高科技激光刻字技术，瞬间打造一支全世界独一无二的笔；全国首家蜜蜂小镇的科普文化展示窗口、亚蜂联亚洲蜜蜂文化中心。

注意事项 1. 服从指导老师安排，按路线参观。
2. 制笔体验时佩戴好防护眼罩、穿好工作服。

交通食宿

交通情况 大巴车接送。

用餐安排 安排用餐。

住宿安排 不安排住宿（可帮忙安排预定）。

安全，红色，运动之趣——霍普曼甜宓健康小镇研学活动
开展单位：霍普曼甜宓健康小镇
研学类型：工业类、体能活动类、红色教育类
开展时间：3—10月
开展地点：杭州市桐庐县瑶琳镇琴溪村
活动时长：1天
费　　用：联系咨询
接 待 量：300人
联系方式：0571-64379696

研学内容

研学任务 1. 触摸实体电梯制造业态。
2. 了解当地发展光辉历程。
3. 进行一场工业观光。
4. 开展一场安全教育。
5. 开展一系列趣味游戏体验。

研学安排 8:30—9:30 在霍普曼甜宓健康小镇集合。
9:30—9:50 在室内拓展馆集合分队。
9:50—10:20 导游分组带队，参观工业观光路线安全教育课堂。
10:20—10:40 参观红色文化、电梯科普馆及党史廉政建设馆。
10:40—11:20 在电梯展示厅学习电梯安全相关知识。
11:20—12:30 前往餐厅就餐。
12;30—14:30 在室内拓展馆集合，由教练带队进行趣味项目体验。
14:30—15:00 集合，清点人数并返程。

特色亮点 霍普曼甜宓健康小镇占地面积 11 万平方米，依托母公司杭州霍普曼电梯有限公司强大的综合实力与中国旅游名镇瑶琳优越的区位优势，形成了四馆两中心、五大之旅的大型工业观光综合体。园区环境优美，旅游形态丰富，工业与旅游元素有机融合，别具特色，2017 年获评浙江省工业旅游示范基地，集生产观摩、乘梯安全、科普教育、文化展示、垂钓采摘、餐饮烧烤、体育拓展、研学旅行（冬夏令营）、亲子娱乐、真人 CS、水上闯关于一体。

研学活动的主要场地为大型室内拓展馆及科普馆，设有专业的电梯模型，可以让学生亲身体验电梯操控，学习故障发生后的自救知识。

注意事项 1. 所有人员必须服从教练员的安排与指挥，未经领队与教练员许可，不得擅自离队进行其他无关活动。
2. 因每批学员到达人数和时间有差异，所以流程也会根据当天情况进行调整，具体会在活动开展前与负责人进行沟通确认。

交通食宿

交通情况 建议自驾前往。

用餐安排 安排用餐。

住宿安排 不安排住宿（可帮忙安排预定）。

探求奥秘　科普无限

——科普基地进校园

学校春秋游线路推荐：

1. 低碳科技馆、地质博物馆研学一日游（科技探索类）
2. 杭州博物馆、河坊街、南宋御街研学一日游（历史人文类）
3. 杭州西湖博物馆总馆南宋官窑馆区、八卦田研学一日游（历史人文类）
4. 杭州工艺美术博物馆研学一日游（历史人文类）
5. 杭州绿色能源体验中心、中国湿地博物馆研学一日游（科技探索类、户外自然类）
6. 杭州动物园、杭州植物园研学一日游（户外自然类）
7. 良渚古城遗址公园、良渚博物馆研学一日 游（历史人文类）
8. 萧山机器人小镇研学一日游（科技探索类）
9. 妙笔智慧乐园研学一日游（工业体验类）
10. 风之谷、清凉峰科技馆研学一日游（红色教育类、户外自然类）

备注：以上研学内容参考手册收录内容，具体以科普基地实际情况为准。

※ 以上线路由杭州市中国旅行社集团有限公司研学中心提供！

研学咨询热线：0571–88399552

山区 4 县研学咨询电话　临安：13757191689/18057131326

淳安：15990009116

低碳科技馆、地质博物馆研学一日游

科技探索类

【中国杭州低碳科技馆】是一家以低碳为主题的大型科技馆，是公众特别是青少年了解低碳生活、低碳城市、低碳经济的“第二课堂”。

【浙江地质科创园博物馆】是省内最大矿晶展示科普体验厅、荧光矿物展区，具有杭州特色的地质工作与城市地下工作展厅。

两地均位于滨江区，车程约 18 分钟左右。

上午：杭州指定地点集合出发，前往【浙江地质科创园博物馆】

参观【浙江地质科创园博物馆】，探究火山喷发的原因，学习浙江省沙盘，动手搭建沙盘，对岩石产生更深层次的了解。

下午：前往【中国杭州低碳科技馆】（约 15 分钟车程）

参观【中国杭州低碳科技馆】，学习与碳有关的知识，打造低碳未来，寻找你最喜欢的低碳产品，说说在生活中怎样践行低碳生活。

低碳科技馆周一至周二闭馆，团队需要预约。

杭州博物馆、河坊街、南宋御街研学一日游

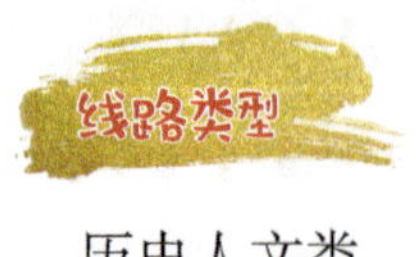

历史人文类

【杭州博物馆】是一座展现杭州历史变迁和文物珍藏的人文类综合性博物馆，以“珍藏杭州”为主题，以“感受杭州”为核心，主打“宋文化”。

【南宋御街遗址】也称天街、御道，古时专供皇帝车架通行，南宋时期两边商铺林立，极尽繁华。如今的南宋御街“流水绕古街，小桥连老铺，清池围旧宅”。

两地兼具南宋要素，仅一步之遥，步行即可。

上午：杭州指定地点集合出发，前往【杭州博物馆】

参观【杭州博物馆】，通过参观博物馆，尤其是两宋展馆，充分了解杭州的历史变迁，我们可在讲解员的带领下，体会杭州那独有的“宋韵”。

下午：前往【河坊街、南宋御街】（步行约 10 分钟）

游览【河坊街、南宋御街】，参观南宋御街遗址，深入了解宋代御街。透过御街陈列馆门口的钢化玻璃和下沉庭院，一睹这条百年古道的风采。

杭州博物馆周一闭馆，团队需要预约。

杭州西湖博物馆总馆南宋官窑馆区、八卦田研学一日游

人文艺术类、户外自然类

南宋文化，在杭州的历史长河里留下了浓重的一笔，甚至在今天的杭州都能看到她的痕迹。【杭州西湖博物馆总馆南宋官窑馆区】是中国第一座在古窑址基础上建立的陶瓷专题博物馆。具有极其浓郁的南宋特色。

【八卦田】比邻南宋官窑馆区，穿过马路步行即到。

上午：指定地点集合出发，前往【南宋官窑馆区】

参观【杭州西湖博物馆总馆南宋官窑馆区】，在老师的带领下探究陶瓷国的秘密，了解青瓷的历史、南宋官窑诞生的故事、南宋官窑瓷器的特点等。利用博物馆的黑科技——AR 新媒体技术，再现南宋官窑制瓷工艺现场，学生将穿越回 800 多年前，化身为一名小窑工，体验 AR 龙窑实景交互游戏，探秘这座皇家御用窑场，传承大国工匠精神。

下午：前往【八卦田】（步行约 3 分钟）

游览【八卦田】古遗址保护区、农耕文化体验区、农耕文化展示区，学习十二月节候丰稔歌，了解犁、耙、石磨等用于整地、播种、收割的各种生产农具。

杭州西湖博物馆总馆南宋官窑馆区周一闭馆，团队需要预约。

杭州工艺美术博物馆研学一日游

历史人文类

【杭州工艺美术博物馆】（杭州中国刀剪剑、扇业、伞业博物馆），是杭州保护与利用工业遗产的典型范例，博物馆群落以杭州深厚的文化底蕴与辉煌的工艺美术文明为依托，高度浓缩“手工业之都”的精粹。

上午：杭州指定地点集合出发，前往【杭州工艺美术博物馆】

通过参观博物馆，欣赏北宋张择端的巨著《清明上河图》印刷版，学习清明上河图的概况及历史研究价值。参观【刀剑剪博物馆】，了解青铜铸剑流程的同时，了解铸剑背后的故事。

下午：【杭州工艺美术博物馆】

继续参观【伞博物馆】，烟雨江南，衍生出独特的伞文化，伞的审美、伞的诗意和伞的象征意蕴伴随着历史发展的车轮，碾压出一道独特的文化轨迹。参观【扇博物馆】，能看到古今中外、形形色色的扇子。

杭州工艺美术博物馆周一闭馆，团队需要预约。

杭州绿色能源体验中心、中国湿地博物馆研学一日游

科技探索类、户外自然类

【杭州绿色能源体验中心】是集知识、趣味、互动、体验、展示等功能于一体的综合性体验点，是全国首个绿色能源体验中心，致力于探索绿色环保可持续发展道路。

【中国湿地博物馆】是中国唯一一座国家级的湿地博物馆。

两地均位于西湖区的西溪湿地板块，车程约 20 分钟

上午：杭州指定地点集合出发，前往【杭州绿色能源体验中心】

参观【绿色能源体验中心展馆】，在工作人员的带领下，了解燃气的形成、燃气的应用及燃气安全知识，学习八大匠人的匠心精神，领略不一样的燃气公司。

下午：前往【中国湿地博物馆】（车程约 20 分钟）

参观【中国湿地博物馆】，认识各类自然标本，通过多媒体、游戏、答题等互动形式，充分了解西溪湿地的生态环境及其作为城市之肺的功效。

中国湿地博物馆周一闭馆，团队需要预约。

杭州动物园、杭州植物园研学一日游

户外自然类

哪个孩子们会不喜欢动物园和植物园呢?
两地均位于西湖景区，车程约 20 分钟。

上午：杭州指定地点集合出发，前往【杭州动物园】

参观【杭州动物园】，这是一座集野生动物保护、科研、科普、教育和游览于一体的山林式动物园。动物园内有近 20 个场馆，120 多种 1000 余头珍稀动物。

下午：前往【杭州植物园】（车程约 20 分钟）

参观【杭州植物园】，游览 9 个展览区和 4 个试验区，充分了解植物园与一般公园的区别。在老师的带领下，收集植物园里的种子，倾听这些种子的故事。

团队需要预约，个别展馆开放情况以园区实际情况为准。

良渚古城遗址公园、良渚博物馆研学一日游

历史人文类

2019 年，良渚古城遗址列入《世界遗产名录》，以精雕细琢的玉器、气势宏伟的三重城、规模宏大的水利工程，证明中国当时就有了伟大的史前稻作文明和城市文明。

博物院和公园游览相结合，可以收获更全面的信息，了解遗址的核心价值。

上午：杭州指定地点集合出发，前往【良渚古城遗址公园】

游览【良渚古城遗址公园】，探秘良渚古城，观察良渚古城的功能分区，观察古城常见的植物与鸟类，观察自然，锻炼毅力，了解良渚文化在中华文明史中的地位和意义。

下午：前往【良渚博物馆】（车程约 10 分钟）

参观【良渚博物馆】，结合上午的遗址公园见闻，参观博物馆，将两者相结合，更全面深入地了解良渚文化和良渚故事。

良渚博物馆周一闭馆，团队需要预约。

萧山机器人小镇研学一日游

科技探索类

【萧山机器人小镇】是中国首个机器人特色主题小镇，是机器人场景体验和科普教育的重要平台。

上午：杭州指定地点集合出发，前往【萧山机器人小镇】

参观【萧山机器人小镇】，在博览中心广场合个影，在老师带领下了解各种工业机器人、服务机器人的开发和应用。立个志向，将来你会成为一名机器人工程师！

下午：适时启程返回

团队需要预约。

妙笔智慧乐园研学一日游

工业体验类

【妙笔智慧乐园】是国内唯一一家以笔文化为主题的特色科普基地，工业旅游景区，代表着桐庐特色产业。

上午：杭州指定地点集合出发，前往【妙笔智慧乐园】

在【妙笔智慧乐园】，参加小课堂培训会，学习制笔流程，体验匠人精神，跟着桐庐工匠，亲手制作一支独一无二的笔。

下午：适时启程返回学校

制笔时注意安全，团队需要预约。

风之谷、清凉峰科技馆研学一日游

红色教育类、户外自然类

【风之谷】拥有超大自然生态森林乐园，丰富的自然地貌和自然资源，是孩子们天然的大自然课堂。【清凉峰】是国家级自然保护区，生态学家誉为“自然博物馆”，是野生梅花鹿的栖息活动地区。

两地均处于临安区昌化镇，车程约 10 分钟。

上午：杭州指定地点集合出发，前往【风之谷户外乐园】

在【风之谷户外乐园】参与各类实践项目，锻炼体能，亲近自然，重温历史。

下午：前往【清凉峰科技馆】（车程约 10 分钟）

参观【清凉峰科技馆】，通过观察标本，听老师讲解，充分了解清凉峰生物多样性，感悟保护动物、保护大自然的重要性。

团队需要预约。

科普世界　你我同在

——科普基地进万家

家庭亲子推荐精品线路：

1. 杭州西湖水域管理处、江洋畈一日研学游
2. 杭州网易蜗牛读书馆、北航杭州创新研究院一日研学游
3. 绿科秀农业园、杭州味来馆一日研学游
4. 杭州赛孚城、城北体育公园一日研学游
5. 浙江省科技馆、浙江自然博物院一日研学游
6. 天目山、临安博物馆、青山湖二日研学游
7. 富阳黄公望隐居地、龙门古镇、富春江水电设备二日研学游
8. 临平区科技馆、塘栖古镇一日研学游
9. 建德水与航空三日研学游
10. 淳安临岐中医药基地、千岛湖二日研学游

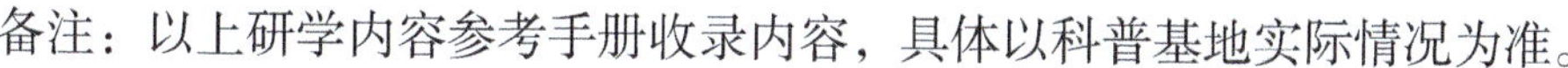

备注：以上研学内容参考手册收录内容，具体以科普基地实际情况为准。

※ 以上线路由杭州市中国旅行社集团有限公司研学中心提供！

研学咨询热线：0571-88399552

山区 4 县研学咨询电话　临安：13757191689/18057131326

淳安：15990009116

杭州西湖水域管理处、江洋畈一日研学游

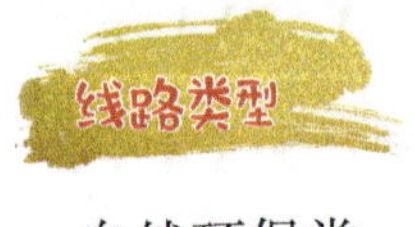

自然环保类

【江洋畈】前身是西湖淤泥疏浚的堆积场，堆晒了 6 年，在西湖淤泥里沉睡了数百年的水生、陆生植物种子纷纷发芽，变成了以垂柳、湿生植物为主的次生湿地，与【西湖水域管理处】的研学活动相结合，能够让孩子全方位了解西湖水域的里里外外。

两地车程约 20 分钟。

上午：杭州指定地点集合出发，前往【西湖水域管理处】

抵达后，由老师带领参加【西湖水域管理处】的研学课程（详见手册里该点研学课程）。

下午：前往【江洋畈】（车程约 20 分钟）

在【江洋畈】观察识别西湖疏浚后从淤泥中自然生长出来的植物。

研学活动需要预约。

杭州网易蜗牛读书馆、北航杭州创新研究院一日研学游

科技探索类

【网易蜗牛读书馆】是全国首家颠覆传统的读书馆。【北航杭州创新研究】是北京航空航天大学与浙江省、杭州市及滨江区三级政府共建的新型人才培养和科技创新平台。

两地毗邻，同在一个园区。

上午：杭州指定地点集合出发，前往【网易蜗牛读书馆】

抵达后，由老师带领参加【网易蜗牛读书馆】的研学课程（详见手册里该点研学课程）。

下午：前往【北航杭州创新研究院】（步行）

参观【北航创新研究院】展厅，由老师带领参加研学课程（详见手册里该点研学课程）。

研学活动需要预约。

绿科秀农业园、杭州味来馆一日研学游

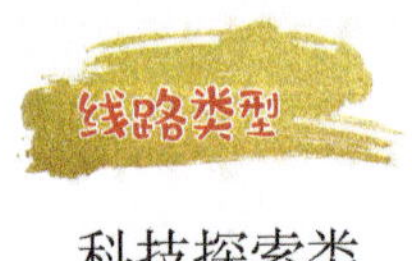

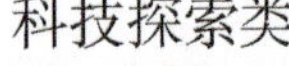

科技探索类

【绿科秀农业园】融合了农业生物技术、智慧农业技术、节能环保技术、农业创意设计，从事各类农业主题的跨界产品开发生产。【杭州味来馆】颠覆了人们日常生活里对方便面的认知。

两地车程约 35 分钟。

上午：杭州指定地点集合出发，前往【传化生物】

抵达后，由老师带领参加【绿科秀农业园】的研学课程（详见手册里该点研学课程）。

下午：前往【康师傅梦想乐园】（车程约 20 分钟）

由老师带领参观【杭州味来馆】，通过多媒体等现代化设备，走进自动化生产车间，认识一碗泡面的生产过程和相关的科技知识（详见手册里该点研学课程）。

研学活动需要预约。

杭州赛孚城、城北体育公园一日研学游

应急救援类

【赛孚城】是国内首个综合灾难体验教育中心。【城北体育公园】是杭州最大的集体育、娱乐、生态休闲于一体的体育公园。

两地车程约 15 分钟。

上午：指定地点集合出发，前往【赛孚城】

抵达后，由老师带领下参加【赛孚城】应急安全课程（详见手册里该点研学课程）。

下午：前往【城北体育公园】（车程约 20 分钟）

下午自由游览【城北体育公园】，参与全民健身，放松休闲。

研学活动需要预约。

浙江省科技馆、浙江自然博物院一日研学游

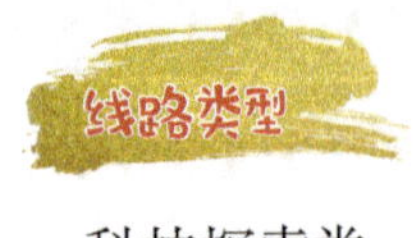

科技探索类

【浙江省科技馆】和【浙江自然博物院】均地处西湖文化广场，都是国家级科普基地，馆藏丰富，涉及众多的科学知识。

上午：指定地点集合出发，前往【浙江省科技馆】

抵达后，由老师带领下参加【浙江省科技馆】研学课程（详见手册里该点研学课程）。

下午：前往【浙江自然博物院】（步行）

下午自由参观【浙江自然博物院】，馆内有近5000件展品中，包括动物、植物、化石、岩石、矿物、自然艺术等多个门类。

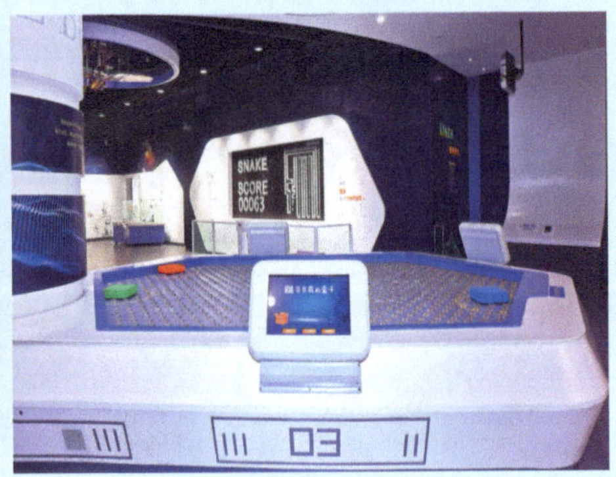

省科技馆周一周二闭馆，自然博物院周一闭馆。

天目山、临安博物馆、青山湖二日研学游

红色教育类，历史人文类

【天目山】峰峦叠翠，古木葱茏，有奇岩怪石之险，有流泉飞瀑之胜，素负“大树王国”“清凉世界”盛名。【临安博物馆】由中国美院建筑设计艺术学院院长王澍领衔设计，是吴越国文化专题展示与研究中心。

第一天：指定地点集合出发，前往【临安天目山】（晚上住天目山）

抵达后，由老师带领参加【天目山】的研学课程（详见手册里该点研学课程）。

第二天：前往临安市区（车程约 50 分钟）

上午参观【临安博物馆】，其造型别致，建筑本身就是一件艺术品，馆内有 3 件镇馆之宝非常值得一看。下午游览【临安青山湖】，水上森林是国内罕有的风景。

临安博物馆周一闭馆，团队需要预约。

富阳黄公望隐居地、龙门古镇、富春江水电设备二日研学游

科技探索类

推荐理由

【富春江水电设备有限公司】的水电科普馆，馆藏丰富，在这里能系统地了解水电的奥秘、激发学生的创造性。【黄公望隐居地】【龙门古镇】均为富阳区知名景点。

第一天：指定地点集合出发，前往【黄公望隐居地】（晚上住富阳）

抵达后，上午游览【黄公望隐居地】，听关于富春山居图的故事。下午前往【富春江水电设备有限公司】（车程约 20 分钟）参加水电科普馆的研学课程（详见手册里该点研学课程）。

第二天：前往【龙门古镇】（车程约 40 分钟）

游览孙权故里【龙门古镇】，这里山清水秀的自然风光与古朴雅致的古镇风韵相得益彰，独具特色。下午结束行程，返程回家。

团队需要预约。

临平区科技馆、塘栖古镇一日研学游

科技探索类

【临平区科技馆】的走进未来工厂研学活动，通过参观企业、与工程师沟通、研究性学习，帮助青少年树立文化自信，为职业生涯规划打下基础。

【塘栖古镇】的古街、古宅、古桥都在讲述着这座小镇的千年积淀。

两地均位于临平区。

上午：指定地点集合出发，前往【临平区科技馆】

抵达后，由老师带领参加【临平区科技馆】的研学课程（详见手册里该点研学课程）。

下午：前往【塘栖古镇】（车程约 35 分钟）

游览【塘栖古镇】，在这里你可以大快朵颐，品尝当地名菜，如细沙羊尾、粢毛肉圆、米塑、板鸭、汇昌粽等。

临平区科技馆周一周二闭馆。

建德水与航空三日研学游

科技探索类

【农夫山泉新安江工业旅游基地】全透明玻璃参观走廊中心向研学者开放，了解天然水源变成瓶装水的全过程。【新联文旅】位于建德航空小镇，是以国家级研学营地标准建设的航空主题研学营地。【大川航空爱国教育基地】位于千岛湖通用机场内，拥有自主研发的30多门航空研学课程。

三地均位于建德市，其中新联和大川的研学活动可二选一参加。

第一天：指定地点集合出发，前往建德【农夫山泉新安江工业旅游基地】（住营地）

上午抵达后，由老师带领参观工厂，学习水处理流程，探索自动化、工业化生产实践。下午前往【新联文旅】或【大川航空爱国教育基地】。

第二天：住营地

学习航空航天相关知识。

第三天：

参加动手实践相关活动并举办结营仪式。

备注：具体课程内容详见手册里该点研学课程。

团队需要预约。

淳安临岐中医药基地、千岛湖二日研学游

传统文化类、户外探索类

【临岐中医药基地】有近 400 种常用中药、70 余种动物药材，在这里学生能全面了解和体验中医悠久的药文化，感受传统中医药文化的魅力。

【千岛湖风景区】被评为国家 AAAAA 级景区，湖中大小岛屿 1078 个，罗列有致，形态各异。

两地均位于淳安县。

第一天：指定地点集合出发，前往【临岐中医药基地】（晚上住淳安）

抵达后，参加【临岐中医药基地】的研学课程（详见手册里该点研学课程）。

第二天：淳安【千岛湖】（车程约 40 分钟）

在【千岛湖】坐船登上梅峰岛一览千岛魅力；也可以去水上运动场尝试下皮划艇；租个自行车，在最美的骑行道上飞驰；还可以去沪马乐园撒个野。

团队需要预约。